금요 심야 기도회
인도자를 위한 제목별 멘트

박한근 목사 지음

보이스사

추천사

이번에 나의 외우(畏友) 박한근 박사께서『금요 심야 기도회 인도자를 위한 제목별 멘트』라는 글을 상재(上梓)하셨습니다. 이 글은 지난 4년 반 여에 걸쳐, 오랜 기도와 깊은 명상으로 한 글자 한 글자씩 나간 글들을 모아 낸 글들로서, 그 글자 하나하나에 감격과 눈물이 배어 있는 살아 숨쉬고 있는 글들입니다.

이 글들은 여러 형태의 예배와 기도회에 필수적인 참회와 결단을 위한 기도의 멘트를 위한 것들인데, 경우마다 거기 꼭 들어맞는 해설과 성서적인 귀절들을 뽑아서 예배의 경건을 드높일 뿐만 아니라, 예배의 깊이를 더욱 심화시켜서 종교적인 감동을 불타게 하는, 그런 멘트들을 담고 있습니다. 더구나 이 글들은 우리의 삶 속에서 겪는 여러 가지 가슴 아픈 문제들이나 때로 우리들을 괴롭히며 해결하기 힘든 문제들에 대한, 가슴 여미는 권고들과 위로의 글들로 채워져 있는 기독교야 말로 인생의 근원적인 문제들을 해결하는 첩경이고 그 무게가 있다는, 그런 진지한 글들이 이 책의 빛을 더하고 있습니다.

성경은 의인의 이야기가 아니라,
죄인이 구원 받은 이야기입니다.
성경은 죄짓지 아니한 큰 아들의 이야기가 아니라,
죄짓고 돌아온 탕자의 이야기입니다.

가슴이 뭉클해지는 소박한 복음의 메시지가 여기 있습니다. 기독교 복음의 핵심을 꿰뚫어 보는, 엄청난 기도의 계시가 여기 맑게 비치고 있습니다.

　이처럼 이 글들은 우리에게 언제나 문제로 던져지는 것들, 그리고 당하게 되어 있는 것들, 깊이 생각하고서도 그 실마리가 풀리지 아니하여 우리들을 끝없이 헤메이게 만드는 것들, 이런 것들은 저자의 깊은 명상과 성경에 대한 해박한 지식, 그리고 신앙으로 실제 살고 겪어온, 그의 오랜 인생의 여로(旅路)에서 체득한 진리와 평화 그리고 보람과 감격이 담긴 주옥같은 글들, 그런 것들이 이 책에 채워져 있습니다.

　이 책을 일단 펼쳐 보기 시작한 사람은 그 샘물처럼 맑고 영명한 글들이 풍기는 진실과 감격의 파도에 휩쓸려 계속 그 음성에 귀를 기울이지 않을 수가 없다는 것을 알게 될 것입니다. 그 만큼 여기 쓰여진 글들은 생각을 많이 하고 기도를 많이 하고 쓴 글임을 곧 알 수 있습니다. 그것들은 마음과 영혼의 철필로 삭인 흔적이 역력하여서, 어느 누구에게나 공감을 느끼게 하는, 깊이의 공유성을 가진 것이 특징입니다. 다들 그런 체험의 길을 걸어본 사람들은 그 공감의 영역이 피차 그렇게 넓게 가지고 있었다는 것을 새삼 느끼게 될 것입니다.

　하나님의 사랑과 그의 돌보심, 그것만이 우리 인생의 전부인 것을 다시 한번 확인시켜 주는 기도, 그것이라면 모든 것을 다 잃어도 필경은 다 얻는다는, 그런 감격이 오늘 가슴에 메워오는 사람들에게 기도가 가지는 그 힘과 감동, 그런 것을 보여주고 알려주고 함께 그런 힘을 가지도록 하는, 이 책이 읽혀질 곳은 넓다고 믿으면서, 저자 박한근 목사님에게 축하와 감사를 드리면서 각필(閣筆)합니다.

서울장신대학교 총장
민 경 배

책머리에

금요 심야 기도회 인도자를 위한 제목별 멘트를 내면서

  기도는 예수 그리스도를 믿는 자들이 가장 많이 듣는 말 중에 하나일 것입니다. 그만큼 기도는 우리에게 중요한 것입니다. 신앙생활의 승리의 비결을 말하라면 첫째도 기도요, 둘째도 기도요, 셋째도 기도라고 하겠습니다. 필자는 일찍이 기도하다가 하나님을 만난 사람(22세)이요, 12년 전 교통사고로 의식을 잃고 사경을 헤매던 중 27일만에 하나님의 강권적인 역사로 죽음의 자리에서 일어난 체험의 산 증인입니다.

  그 후로 가슴에 불을 품은 필자는 세계와 전국 방방곡곡을 뛰어다니면서 부흥회를 인도해 오면서 교회를 섬기던 중 나의 작은 열심이 하나님보다 앞섰는지 교회를 개척한지 15년 째 되던 해 '하나님보다 앞서지 말라'는 하나님의 음성을 듣고 지난 4년 6개월 동안 밤마다 산에 올라가 기도하다가 한국교회 예배 갱신을 위한 비전과 함께 본 교회 예배를 살아 움직이는 예배로 바꾸어 놓았고, 금요 심야기도회는 사도행전의 역사를 방불케 하는 현장을 가지고 있습니다.

  기도는 누구에게나 다 중요합니다. 그리고 기도는 누구나 많이 해야 합니다. 그러나 오늘날 한국교회 기도의 열기가 식어가고, 기도하는 사람이라 해야 소수의 무리들로 모여서 기도회를 하는 것으로 끝나는 것이 이내 아쉬워 대중이 모이는 기도회, 기다려지는 기도회, 울고 웃는 기쁨과 감격이 넘치는 기도회를 인도할 방법을 달라고 기도하던 중 그때 하나님께서 부족한 종에게 주신 기도의 멘트(ment)는 필자 혼자 사용하고 접어두기에는 너무 아까워 한국교회 교역자들과 함께 나누고 싶어서 이 작은 기도의 멘트를 내놓게 되었습니다.

지금은 한국교회 꺼져 가는 기도의 불길을 일으켜야 할 중요한 시점이라고 생각합니다. 그러나 쉬우면서도 어려운 것이 기도생활입니다. 그리고 목회자의 고민 중 고민이라면 기도하기 위하여 모여든 성도들의 가슴에 불을 던져주지 못한 아쉬움이 늘 남아 있습니다. 필자가 지금까지 사용해오던 작은 부스러기 같은 기도의 멘트는 기도하는 자들의 심령을 뒤집어 놓을 것을 확신합니다. 부디 찬양과 함께 기도의 멘트를 잘 활용함으로 교회마다 기도의 불길이 활활 타오르기를 간절히 소망합니다.

그동안 부족한 사람을 위하여 기도해주신 사랑하는 아내와 지난 21년 동안 섬겨온 성삼교회 교우들에게 진심으로 감사를 드립니다.

성삼교회
목사 박 한 근

차례

- 5   추천사
- 7   책머리에
- 13   가난 · 가능성(1) · 가능성(2) · 가능성(3) · 가정 · 가라지
- 21   가치 · 감사(1) · 감사(2) · 감정 · 거룩(1) · 거룩(2)
- 28   결심 · 겸손 · 경건 · 고난(1) · 고난(2) · 관계
- 36   교육 · 교제(1) · 교제(2) · 교회 · 긍정 · 기다림
- 42   기도(1) · 기도(2) · 기도(3) · 기쁨 · 기적
- 51   기회 · 나눔 · 능력(1) · 능력(2) · 도움
- 57   동반자 · 마음 · 만남 · 만족 · 말씀
- 65   목표 · 문제 · 믿음 · 미래 · 믿음 · 바라보라
- 74   변화(1) · 변화(2) · 보호 · 보물 · 복 · 복종
- 82   본 · 봉사 · 봉헌 · 부르심 · 부요 · 부흥
- 91   비판 · 빛 · 사고 · 사명 · 사랑(1) · 사랑(2)
- 99   사랑(3) · 사모함(1) · 사모함(2) · 새출발 · 섬김 · 성공

107	성결 · 성령(1) · 성령(2) · 성실 · 성장 · 소망(1)
117	소망(2) · 소원 · 소유 · 수용 · 순종 · 습관
125	승리 · 신뢰 · 신앙(1) · 신앙(2) · 약속 · 양심
135	언어 · 연합 · 예배 · 예수(1) · 예수(2) · 온유
145	용기 · 용서 · 우선순위 · 웃음 · 위로 · 은혜 · 음성
155	응답 · 이웃 · 이해 · 인내 · 인도 · 일군
163	일치 · 임마누엘 · 임재 · 자랑 · 자유 · 재능
171	전도(1) · 전도(2) · 전진 · 주인 · 준비 · 즐거움
180	지배 · 진실 · 집 · 꿈(비전) · 깨달음 · 찬양
189	축복 · 충성 · 친구 · 침묵 · 친절 · 칭찬
197	평안 · 평화 · 포기 · 하나됨 · 하나님의 사랑
206	하나님의 뜻(1) · 하나님의 뜻(2) · 향기 · 회개
210	확신 · 행복 · 행함 · 헌신(1) · 헌신(2)

심야 기도회에 필수적인
참회와 결단을 위한
기도의 멘트

가 난

　성경은 의인의 이야기가 아니라 죄인이 구원받은 이야기입니다. 성경은 죄짓지 않은 큰아들의 이야기가 아니라 죄짓고 돌아온 탕자의 이야기입니다. 우리는 가인처럼 죄지은 후에라도 염치를 불구하고 하나님께 매달려야 합니다. 이 시간 탕자와 같은 내 모습일지라도 우리의 아버지가 되시는 하나님 앞에 우리의 사정을 내려놓고 하나님의 자비를 구하는 시간이 되십시다.

　가난한 사람들은 하나님을 기다리는 사람들입니다. 이들은 완전한 겸손을 보이면서 하나님으로부터 모든 것을 받을 준비가 되어 있습니다. 그리고 가난한 자는 하나님께 충실하려고 노력하면서 하나님께 힘을 얻고 하나님의 뜻을 받아들이고자 합니다. 여러분은 하나님이 원하시는 가난한 자입니까? 이 시간 하나님께 기도할 때에 하나님을 기다리는 자, 하나님께 충실하려고 노력하는 자, 하나님이 주실 은혜를 받을 준비가 되어 있기를 기도합시다.

　하늘에 가도 나에게는 하나님 밖에 없고 땅에서도 하나님만 계셔 주시면 그 외에 무엇을 더 바라겠습니까? 이것이 그리스도인의 신앙고백입니다. 여러분은 하나님이 나에게 가장 우선순위라고 믿습니까? 그리고 하나님이 내 곁에 계심을 얼마만큼 감사하십니까? 이 시간 나에게도 하나님만이 나의 최고가 되기를 기도합시다. 그리고 나도 하나님 곁에 있기를 기도합시다.

가난하게 사는 사람을 세 가지로 구분합니다. 첫째는 얼굴을 찡그리고 원한에 묻혀 사는 사람 둘째 가난해도 태연자약하게 사는 사람 셋째 무엇에든지 희망을 갖고 기쁘게 사는 사람입니다. 같은 사물이라도 그 보는 시각에 따라 다른 결과가 생겨납니다. 우리는 가난 때문에 위축을 당하지 마십시다. 이 세상의 가난이 영원한 가난은 아닙니다. 우리도 더 나은 내일을 바라보면서 기쁨 중에 살아가는 자가 되 기를 기도합시다.

가난 중에 가장 큰 가난은 믿음 없는 가난이요, 인재 없는 가난이며 봉사 없는 가난입니다. 나도 그 사람 중에 한 사람이 아닌가를 생각해 보고 영적 가난에서 탈피하는 자가 되기를 기도합시다.

가난의 괴로움을 면하는 길은 두 가지가 있습니다. 자기의 재산을 늘리는 것과 자기의 욕망을 줄이는 것으로, 전자는 우리의 힘으로 해결되지 않지만 후자는 언제나 우리의 마음가짐으로서 가능한 것입니다. 우리의 가난이 하나님의 도우심으로 해결되기를 기도합시다. 그리고 마음을 비움으로 자족하며 감사하는 자가 되기를 기도합시다.

가능성〈1〉

절망에 빠진 사람에게 유일한 구원은 가능성입니다. 하나님에게는 모든 것이 가능하다는 것이 우리의 신앙입니다. 절망 중에 있는 자가 계시다면 나에게도 가능성이 있고, 그리고 나의 가능성이 되신 하나님 앞에 나를 맡기고 기도하시기 바랍니다.

할 수 없다고 생각하는 사람은 자기 인식의 노예요, 할 수 있다! 라고 말하는 사람의 시도는 마침내 입술의 열매를 거둘 것입니다. 이 시간 우리의 입술이 할 수 있다는 입술이 되도록 기도합시다.

성장이 멈춘 나무는 그 크기를 젤 수 있듯이 사람도 마찬가지입니다. 사람은 숨은 잠재력을 가지고 더 큰 성숙을 향하여 나아가야 합니다. 내게 능력주시는 자 안에서 내가 모든 것을 할 수 있다는 믿음을 가지고 더 나은 내일을 향하여 나아가도록 기도합시다.

만약 우리가 사람을 현재의 모습 그대로만 받아들인다면 우리는 그 사람을 더 나쁘게 만드는 결과가 됩니다. 우리를 부르신 주님은 우리의 더 나은 가능성을 보시고 부르신 줄 믿습니다. 주님이 보시는 눈으로 상대방을 바라보고 주님이 보시는 눈으로 자기를 바라보는 기도를 드립시다.

하나님이 인간을 사랑하시고 계속적인 관계를 맺으시는 것은 인간 안에 자신도 모르게 숨어 있는 개개인의 무한한 가치 때문입니다. 우리가 존재하고 있는 한 무한한 가치와 가능성을 가지고 있다는 것입니다. 그렇다면 나에게는 남다른 가치와 가능성은 무엇일까요? 이것은 우리들 각자가 잘 아는 부분입니다. 그것을 생각해 보고 그 부분을 통해서 하나님께 기쁨을 드리는 자가 되도록 기도합시다.

우리는 자신에게 숨어 있는 엄청난 잠재력을 찾아야 합니다. 잠재력이란 밖으로 드러났을 때 자신도 모르는 엄청난 힘을 발휘하는 능력을 말합니다. 따라서 잠재력의 발견은 자신이 몰랐던 자신의 장점을 찾아내 우리의 영역을 넓히는 과정입니다. 가장 중요한 것은 자기의 존재를 인정하는 것입니다. 여러분은 자기를 얼마만큼 인정하십니까? 이 시간 기도할 때 내가 나를 인정하고 나 만이 가지고 있는 잠재력을 찾아서 그 힘을 발휘하는 믿음과 적극적인 신앙을 갖기를 기도합시다.

가능성 〈2〉

오늘날 현대인들이 가지고 있는 감옥이 있습니다. 그것은 자기의 좋은 부분만 보는 자기도취의 감옥, 그리고 다른 사람의 나쁜 점만을 보는 비판의 감옥, 그리고 오늘과 내일을 암담하게 보는 절망의 감옥입니다. 우리가 희망을 가지고 희망하는 것을 이루어 가는 사람이 되려면 이러한 감옥에서 벗어나야 합니다. 이 시간 기도할 때에 자기의 문제점을 가지고 기도합시다. 그리고 다른 사람의 좋은 점만을 보는 눈을 달라고 기도합시다. 그리고 내일을 소망하며 살아가는 자가 되도록 기도합시다.

자신의 단점만을 생각하며 우울해하기 보다는 주님이 우리에게 주신 수많은 장점들과 잠재력을 발견하고 멋진 내일을 기대하며 생기가 넘치는 삶이 되기를 기도합시다.

새로운 가능성을 발견하게 해달라고 기도합시다. 더 좋은 부모가 되고, 더 생각이 깊은 성도가 되고, 더 유능한 일군이 되고, 더 좋은 친구가 될 수 있는 가능성을 달라고 기도합시다.

내가 아무 것도 없어도 주님은 모든 것을 가지신 분이시고, 나는 아무 것도 할 수 없어도 주님은 모든 것을 할 수 있는 분이십니다. 내가 슬픔에 잠기어 낙심될 때 선하신 주님의 팔이 나를 붙들고 계십니다. 이 놀라운 사실을 깨닫게 하소서. 감사하게 해달라고 기도합시다.

가능성〈3〉

하나님께서는 우리에게 우리의 능력 이상의 것을 요구하지 않으시며 동시에 하나님께서 주신 능력 안에서는 불가능을 인정하지 않으십니다. 우리들은 그동안 다섯 달란트 받은 종과 두 달란트 받은 종처럼 충성된 종입니까? 아니면 한 달란트를 받은 종처럼 게으른 종은 아니었습니까? 내게 주신 능력만큼 일하기를 원하시는 하나님의 뜻을 따라서 전심전력하여 칭찬을 받는 자들이 되도록 기도합시다.

사과 속에 있는 씨는 셀 수가 있어도 사과 씨 속에 있는 사과의 수는 셀 수가 없다는 말이 있습니다. 우리는 현실적으로 나타난 자기 모습만 보지말고 오늘도 우리 안에서 일하시는 하나님의 위대하심을 바라보고 능력의 사람으로 살아가도록 기도합시다.

절망에 빠진 인간에게 유일한 구원은 가능성입니다. 하나님에게 있어서는 모든 것이 가능하다는 것이 우리의 구원이 되는 것입니다. 여기에서 신앙이 시작되는 것입니다. 우리의 삶이 때로는 파멸의 위기를 당하기도 하지만 그럼에도 불구하고 거기에는 구원의 가능성이 있습니다. 우리의 현실이 어떠할지라도 우리를 구원하실 능력의 주님을 바라보고 가능케 하시는 주님으로 살아가기를 기도합시다.

가정

주님께서 우리에게 주신 축복 가운데 가정을 주시고 자녀를 주셨습니다. 하나님이 우리에게 자녀를 주실 때는 말씀으로 양육하고 사랑으로 키우라고 주신 자녀들입니다. 그러나 우리는 우리의 자녀들을 하나님의 의도대로 잘 키우고 있습니까? 우리의 자녀들이 하나님의 말씀을 닮은 인격과 덕과 사랑으로 충만한 우리의 가정이 되기를 기도합시다.

가정은 하나님이 괄호 열고 사랑으로 괄호 닫은 생명의 울타리입니다. 내가 있어 네가 있고 네가 있어 내가 있는 우리의 모습 그대로 아름다운 공동체가 가정입니다. 사람에게서 사람의 냄새가 나고 사람에게서 사람의 향기가 나는 곳이 바로 가정입니다. 무엇이 모자라도 누구를 탓할 것도 없고 수고하고도 굳이 내세울 것이 없는 곳이 바로 가정입니다. 이 땅에서 갈 곳 없을 때 마지막 갈 곳은 그래도 나를 기다리고 있는 가정뿐입니다. 이렇게 지상의 천국 같은 곳인 우리의 가정을 더욱 아름답게 만들어 가기를 기도합시다.

가정은 하나님께서 우리에게 주신 가장 큰 축복 중의 하나입니다. 우리는 가정 안에서 신뢰와 사랑을 경험하고 휴식할 수 있습니다. 그런데 아름다운 가정은 저절로 이루어지는 것이 아니라 우리가 만들어가야 하는 것입니다. 가족간의 사랑과 협력과 인내로 더욱 아름다운 가정이 되기를 기도합시다.

참된 가정은 그 안에 여호와 하나님이 함께 계시는 곳입니다. 성경의 역사는 그러한 하나님의 은혜로 건설되는 거룩한 사랑의 결합으로 이루어진 가정의 역사를 보여주고 있습니다. 오늘 우리의 가정도 하나님을 모신 가정으로 하나님의 은혜와 사랑으로 하나되는 믿음의 가정, 행복한 가정이 되기를 기도합시다.

아굴라와 브리스가의 가정은 신앙적인 면에서 하나된 가정이요, 경제적으로 뒷받침의 조건을 갖춘 가정입니다. 그리고도 가정에 교회를 가진 집입니다. 우리의 가정이 신앙으로 하나가 되고 경제적으로 힘있게 주님을 섬길 수 있는 가정, 온 식구가 교회를 중심으로 하나 되는 가정이 되기를 기도합시다.

가라지

가라지를 뿌리는 자는 마귀인데 마귀는 사람들이 잠들었을 때에 가라지를 뿌린다고 합니다. 우리들은 영적 침체로 잠자는 자들은 아닙니까? 예수님은 시험에 들지 않기 위하여 깨어있어 기도하라고 하셨습니다. 이 시간 우리들도 항상 깨어 있는 모습으로 경건에 이르기를 더욱 힘쓰기를 기도합시다.

예수님 재림하시는 그 날에 양과 염소를 갈라놓듯이 주를 믿는 자들 중에서도 갈라놓는다고 했습니다. 양은 오른편에, 염소는 왼편으로 말입니다. 양은 하나님의 나라에 거할 자들이지만 염소는 지옥 불에 들어갈 자들이라고 했습니다. 혹 내 모습 속에 염소와 같은 기질은 없습니까? 나의 모습 속에 염소 같은 기질을 제거해 달라고 기도합시다. 그리고 주님의 양무리로서 목자를 잘 따르는 자가 되기를 기도합시다.

가치

너도 나 없이 살 수 없지만 나도 너 없이 살 수 없는 것이 우리의 삶입니다. 우리는 네가 나에게 너무나 소중하고 나도 너에게 매우 소중한 존재임을 알고 서로를 위해 희생과 협력을 잘하는 자가 되도록 기도합시다.

사람의 내부에는 선과 악의 여러 수준이 있습니다. 그 중에서 가장 낮은 것은 유쾌한 것으로서 이는 육체적인 욕구와 관련이 있으며, 그리고 좀더 높은 수준으로는 유용한 것으로서 이는 심리적인 욕망입니다. 그리고 더 높은 가치의 수준은 도덕적인 것입니다. 여러분의 내부에는 무엇이 더 중요한 비중을 차지하고 있습니까? 고상한 인격과 존경받는 사람들은 '무엇이 옳은가'와 '무엇을 해야 하는가'에 초점을 두고 살았습니다. 나에게 이러한 분별력과 옳은 일에 행동하는 신앙과 연격을 달라고 기도합시다.

우리는 삶이라는 공중시장에서 가치를 잘 판단하는 훌륭한 재판관이 아닙니다. 따라서 늘 실수하고 잘못 판단할 수 있습니다. 그러므로 저울에 무엇을 달든지 동일하고 변함없는 표준으로서의 납추가 요구됩니다. 그런데 이 추는 하나님이 주시는 것으로서 모든 것은 이 추에 의하여 평가됩니다. 여러분에게 이 추가 있습니까? 누구를 대하든지, 무엇을 가지고 말하든지 하나님이 가진 기준으로 모든 것을 판단할 수 있는 진실한 사람이 되기를 기도합시다.

감사〈1〉

감사절에만 감사하는 여러분! 범사에 감사하십시오. 위급할 때에만 기도하는 여러분! 쉬지 말고 기도하십시오. 기쁠 때만 기뻐하는 여러분! 항상 기뻐하십시오.

믿음의 열정이 회복하기를 기도합시다. "삶에 지쳐 몸과 마음이 피곤할지라도 주님을 가까이 하게 하소서. 주님만 생각해도 가슴이 뭉클할 정도로 기쁨과 감격이 있게 하소서. 우리 주님 예수 그리스도가 우리와 함께 하심을 믿고 감사가 넘치는 삶을 살게 하소서"라고 기도합시다.

실패와 어려움 속에서 만들어지는 마이너스 기분을 기도 응답과 주님의 손길 속에서 플러스 마음으로 만들어 주시기를 기도합시다. 그리고 때로 모든 일이 제대로 되지 않는 날이 있더라도 투덜대지 않게 해달라고 기도합시다.

여러분 주위에 아무도 없다고 생각하시고 큰 소리로 기도해 보세요. 감사할 일들을 놓고 기도해 보세요. 내게 좋은 부모, 좋은 자녀, 좋은 남편과 아내와 형제와 교회와 목회자와 성도들을 허락하신 하나님께 감사의 기도를 드리기 바랍니다.

감사 〈2〉

감사한다는 것은 자신에게만 집착했던 마음의 껍데기를 벗어버리고 하나님께 마음을 돌리는 것입니다. 그리고 감사는 하나님이 내게 복을 주신 일에 대한 고마움의 표시일 뿐 아니라 하나님이 행하신 모든 일에 고백입니다. 우리의 마음을 하나님께로 돌려보십시다. 그리고 하나님이 하신 일에 감사하는 시간을 가지십시다.

자신의 처지를 만족할 수 있는 사람은 가난에서도 즐거워할 수 있으며, 모든 일에 어두운 면을 보지 않고 밝은 면을 봄으로 감사할 수 있는 사람입니다. 그러나 많은 사람들이 좋은 면은 보지 않고 어두운 면만 보기 때문에 감사의 생활을 하지 못하는 것을 볼 수 있습니다. 여러분의 눈은 어느 면을 보는 눈입니까? 우리의 눈이 자기 삶의 밝은 면을 볼 수 있는 눈이 되도록 기도합시다. 그리고 범사에 감사하는 자가 되기를 기도합시다.

그리스도의 피 속에 무엇이 있을까요? 무엇이 있기에 우리의 죄를 속할 수 있을까요? 그 피에는 무한한 아픔과 희생의 고통이 있었고 그 피에는 우리를 사랑하시는 하나님의 사랑과 영원한 능력이 담기어 있었습니다. 우리를 위하여 보배로운 피를 흘리신 주님의 사랑을 감사합시다.

감정

우리들이 하루 하루를 생활하다보면 여러 가지 형태로 감정이 변할 때가 많습니다. 그렇지만 그때마다 감정이 일어나는 대로 생활을 한다면 매우 무질서하게 되고 몹시 거칠어진 행동을 하게 될 것입니다. 우리는 그리스도인들입니다. 무엇을 하든지 예수 그리스도 우리 주님을 생각합시다. 하고자 하는 일이 주님의 뜻에 합당한 것인가 하고 말입니다. 절제할 수 있는 능력을 달라고 기도합시다. 인내하는 능력을 달라고 기도합시다.

우리들이 하루하루를 생활하다 보면 감정이 여러 가지 형태로 변할 때가 많습니다. 그런데 감정이란 그릇이 기울어지면 다시 주어 담지 못한 물과 같기 때문에 늘 조심성 있게 자기 관리를 해야 하고 평화와 조화가 파괴되는 것을 염두에 두고 기울기 쉬운 순간에 그것을 억제하는 자제력을 달라고 기도합시다.

감정 그대로를 행동에 옮기는 사람은 야만인입니다. 생각한 것을 꾸밈도 없이 행동으로 드러낸 사람은 교양이나 성도의 모습은 아닙니다. 여러분은 자기의 감정을 얼마나 조절하며 행동하는 사람입니까? 좋지 못한 감정과 언행으로 야만적인 사람이라고 비난을 받지는 아니합니까? 특별히 대인관계에 있어서 때로는 자기 감정을 억제할 줄도 알아서 다듬어진 인격과 그리스도인의 모습을 갖추고 살아가도록 기도합시다.

거룩〈1〉

날마다 청소하고 쓰레기를 버리듯이 날마다 욕심을 버리고, 거짓을 버리고, 의심을 버리고, 비난을 버리고, 미움을 버리고, 시기를 버리고, 교만을 버리고 주님의 거룩하심을 닮아 가도록 기도합시다.

우리의 삶에 자기의 주장이나 개인적인 욕심이 지나쳐서 불행해지는 사람들을 볼 수 있습니다. 우리가 마음의 여유를 가지고 산다면 도리어 부요 하고 행복할 것입니다. 우리가 이웃을 사랑하지 않고 자기 자신만을 사랑한다면 이는 곧 악인의 삶인 것입니다. 그리스도인의 삶이란 바로 나 자신을 부인하는 삶이며 날마다 그리스도를 따르는 삶인 것입니다. 여러분이 진정으로 주님을 사랑한다면 더불어 살아가는 자가 되기를 소원하며 기도하시기 바랍니다.

거룩이라는 말은 관계를 나타내는 말입니다. 우리가 거룩하게 될 수 있는 길은 믿음으로 그리스도의 거룩함을 나의 거룩함으로 삼을 때 나는 서서히 그리스도가 거룩하신 것처럼 거룩해질 수가 있는 것입니다. 그러므로 우리는 자신의 성결을 자신 안에서 찾지 말고 성결과 온갖 덕의 저장소라고 할 수 있는 그리스도 안에서 찾아 주님과 더불어 살아감으로 '내가 거룩하니 너희도 거룩하라'는 주님의 소원을 따라서 살아가기를 기도합시다.

그리스도인의 거룩한 생활은 성별됨을 뜻합니다. 성별은 우리의 본성 전체에 대하여 하나님이 당신의 영으로써 직접 다스리시는 역사입니다. 그렇다면 그리스도께서 우리 안에서 우리를 다스려달라고 기도합시다.

거룩〈2〉

하나님의 사람들은 하나님 앞에서 능동적으로 살아감으로써 거룩함을 입증하도록 부르심을 받은 자들입니다. 그래서 신명기 28:9절에서는 거룩한 백성이 되는 조건으로 하나님의 계명을 지키는 것을 들고 있습니다. 여러분은 하나님의 사람들로서 세인 앞에 거룩함을 입증해 보이고 살아가는 자들입니까? 이 시간 우리가 기도할 때에 하나님의 계명이 우리의 지, 정, 의를 지배해 주심으로 우리의 삶이 주님의 거룩함을 입증할 수 있는 삶이 되기를 기도합시다.

의는 모든 그리스도인들에게 있어서 필수적입니다. 의란 바른 삶, 하나님과 바른 관계를 의미합니다. 의롭게 되기 위해서는 우리는 주님과 올바른 관계를 가져야 하고 죄와 유혹을 거부해야 합니다. 우리 자신의 의는 하나님을 기쁘시게 못합니다. 이 시간 기도하실 때 예수 그리스도로 옷 입고 거룩한 삶을 살아가도록 기도합시다.

예수 그리스도의 피는 우리를 다른 세속적인 것에서 분리하여 '성벌'시키고 우리로 하여금 죄에 대하여 죽고 의에 대하여 산자로 만들어 "거룩함"에 이르는 성도가 되게 합니다. 그러므로 거룩은 우리의 인격 전체를 바꾸어 놓는 것입니다. 여러분의 인격은 얼마나 변화되었습니까? 주님의 거룩하심을 닮는 자가 되기를 기도합시다.

거룩이라는 표현은 하나님이라는 말과 같은 것입니다. 그리고 하나님과 그의 영역에 속한 것은 무엇이든지 거룩한 표식을 가지고 있기에 하나님은 우리를 가리켜 '성도'라고 부릅니다. 성도로서 '이름이 거룩히 여김을 받으시오며'라고 기도하라고 당부하시는 주님의 뜻을 따라 나를 통해서 하나님의 이름이 거룩히 여김을 받기를 기도하고 행동할 수 있기를 기도합시다.

믿음의 사람들은 언제나 변화가 있었습니다. 그 변화는 성령의 인도하심의 변화였습니다. 거듭남의 체험이었습니다. 그리고 그들의 삶에는 증거와 응답하심이 있습니다. 그들은 하나님이 함께 하는 사람들 곧 믿음의 사람들이기 때문입니다. 우리에게도 분명한 변화의 날이 필요하고 옛 것이 지나가고 이렇게 새 것이 되었다는 고백과 증거가 있어야 합니다. 여러분은 그것이 무엇입니까? 변화되지 않고는 예수 안에서의 새로운 기쁨을 깨달을 수도 없고 체험할 수도 없습니다. 그리고 전할 수도 없는 것입니다. 우리 모두 더 큰 변화를 위하여 기도합시다.

결심

많은 사람들이 하나님을 가까이 느끼고 싶어하지만 항상 그렇게 느끼는 사람은 많지 않습니다. 우리가 감정에 의존하여 우리의 신앙을 말한다면 우리의 신앙은 문제가 될 수밖에 없습니다. 왜냐하면 우리가 상황이 좋을 때만 하나님의 돌보심을 믿는다면 하나님은 변덕쟁이 하나님이 되고 말 것입니다. 우리의 신앙이 변하는 환경에 개의치 않고 예수 그리스도를 따르기로 결심하는 한 하나님과의 긴밀한 관계는 영원히 형성될 것입니다. 이 시간 나에게 이러한 믿음을 달라고 기도합시다.

겸손

주님 앞에서 사는 사람은 비록 분주한 세상을 살아간다 하여도 결코 바쁘다는 말은 못합니다. 졸지도 않고 주무시지도 않는 주님 앞에서 그 말은 부끄럽기 때문입니다. 주님 앞에 사는 사람은 알고 있어도 무엇을 안다고 하면 안됩니다. 전지 하신 주님 앞에서 우리가 무엇을 안다고 하는 것은 불경이기 때문입니다. 주님 나에게 주님의 열정을 주옵소서. 주님 앞에서 겸손하게 하옵소서라고 기도합시다.

사울 왕은 자기 기념비를 세웠지만 가장 부끄러운 사람으로 추락했습니다. 오직 섬기는 사람이, 오직 겸손한 사람이, 오직 순종하는 사람이 지도자가 될 수 있습니다. 잃어버린 진실, 잃어버린 겸손, 잃어버린 사랑을 다시 찾고 정직한 마음으로 주님의 뜻 받들어 순종하며 살게 하소서 라고 기도합시다.

사랑은 머리를 키우지 않고 마음을 키웁니다. 능력이 많은 사람일수록 자랑할 필요를 느끼지 못합니다. 능력이 적은 사람이 그걸 가지고 더 큰 소리로 떠들고 싶어합니다. 그런데 하나님은 우리로 하여금 하나님의 시선으로 자신을 보게 해주며 다른 사람에게 겸손한 태도로 나아가게 합니다. 이 시간 나에게도 겸손한 마음을 주시기를 기도합시다.

하나님의 은혜의 선물은 여러 층으로 된 높은 선반에 있는 것이 아니라 아래로 내려가면 내려갈수록 더 큰 은혜의 선물로 가득차 있습니다. 우리가 받지 못한 것은 내려가지 못하기 때문입니다. 하나님은 겸손한 자에게 은혜를 베푸신다고 하셨으니 더 내려감으로 주실 은혜를 구하는 자들이 되기를 기도합시다.

경건

우리의 삶이 경건해지면 경건해질수록 우리들에게 임하는 하나님의 은혜와 복은 더욱 커 집니다. 그럴수록 기도해야 할 필요성은 늘

어나게 되는 것입니다. 자기 경건을 위해서 기도하십니까? 자기 경건을 위해서 하나님을 가까이 하십니까? 자기 경건을 위해서 얼마나 자기를 쳐서 복종시키십니까? 자기 경건을 위하여 기도합시다.

기도와 경건 생활은 함께 이루어집니다. 기도가 없는 경건 생활이나 경건 생활이 없는 기도는 있을 수가 없습니다. 여러분은 이 두 가지를 잘하고 계십니까? 무엇이 문제입니까? 기도 생활입니까? 경건 생활입니까? 이 두 가지를 잘하는 믿음을 구합시다.

시편 기자는 '율법에 대한 묵상'을 경건으로 지칭함으로 하나님의 법을 순종하는 것만이 오직 하나님을 제대로 섬기는 것이라는 점을 가르쳐 주고 있습니다. 자신의 판단에 따라서 신앙 체계를 세우는 일이 각자에게 달려 있는 것이 아니라, 경건의 표준은 하나님의 말씀에서 세워져야 합니다. 우리의 믿음이 하나님의 말씀에 근거하여 하나님을 제대로 섬기는 믿음이 되기를 기도합시다.

경건한 자들은 여호와의 율법 안에서 '즐거워하는' 것으로 우리가 하나님의 법을 억지로 따르는 순종이라면 결코 하나님이 용납하지 않으십니다. 즐거운 마음으로 하나님의 말씀을 대하고, 하나님을 사랑함으로 그 법을 따르는 자가 되기를 기도합시다.

경건한 삶은 음악과 같이 조화롭고 즐거우며, 음악처럼 용기를 가져다 줍니다. 우리의 삶이 하나님의 성품과 조화를 이루는 삶이 되도록 기도합시다.

우리들의 삶이 경건해지면 경건해질수록 우리들에게 임하는 하나님의 은혜와 복은 더 커지게 됩니다. 그럴수록 기도해야 할 필요성이 늘어나게 되는 것입니다. 왜냐하면 사탄은 우리의 경건한 생활을 제일 싫어하고 넘어지게 하려고 백방으로 기회를 노립니다. 더 나은 경건한 생활로 하나님이 주실 은혜와 축복을 놓치지 않는 자들이 되기를 기도합시다.

고난 〈1〉

어려움은 결코 혼자 오지 않습니다. 언제나 하나님이 함께 오십니다. 그분의 손길이 있습니다. 그리고 그 손은 강하고 자애로운 손입니다. 그분의 손은 우리를 홀로 버려 두지 않습니다. 우리가 가장 두려워해야 할 것은 우리가 연약한 순간에 그 분의 손을 놓아버리지는 않을까 하는 것입니다.

꽃이 기름진 땅에서 피어난다면 예의는 사랑으로부터 피어납니다. 출신과 배경과 무관하게 모든 그리스도인 남자는 신사가 될 수 있고 모든 그리스도인 여자는 숙녀가 될 수 있습니다. 왜냐하면 그것은 하나님의 사랑이 우리의 마음 안에 심어질 때 우리는 성숙한 그리스도인이 되기 때문입니다. 주님의 사랑이 우리를 변화시키기 때문입니다. 이 시간 주님의 사랑으로 모든 사람에게 예의를 갖춘 성숙한 신사와 숙녀가 되기를 기도합시다.

무엇이 문제입니까? 아무리 큰 문제라고 해도 그것은 주님 앞에서 문제가 아닙니다. 아무리 불가능한 문제라 해도 그것은 믿는 자에게는 문제가 아닙니다. 문제는 자기 자신입니다. 문제를 하나님께 맡기지 못하고, 문제를 내어놓고 기도하지 않는 나 자신이 문제입니다. 자기를 진단하고 문제를 이길 수 있는 믿음을 구합시다.

심각하게 생각할 것 없습니다. 가족에게 고통스런 문제가 생겼을 때, 사업에 수습할 수 없는 위기가 왔을 때, 사랑하는 사람이 우리를 떠났을 때, 두려워 할 것 없습니다. 우리가 형통할 때, 심지 않고 좋은 것을 거둘 수는 없습니다. 세상일이 어디 자기 마음대로 됩니까? 하나님의 뜻 가운데서 이루어지는 것이니 문제가 있을 때는 주님께 맡기고, 형통한 일이 있을 때는 감사로 살아갑시다.

고난 속에서 어떤 이들은 하나님으로부터 돌아서기 때문에 축복을 놓쳐 버리는가 하면 어떤 이들은 오히려 하나님께로 돌아와 축복을 받습니다. 때때로 나에게 고통을 허락하시는 하나님의 목적은 우리의 유익을 위함입니다. 고통이 클 때 하나님께 감사할 수 있는 것은 유익이 더 크기 때문입니다. 여러분! 어렵습니까? 그럴수록 하나님께 더 가까이 나아가기를 기도하십시오. 그리고 더 큰 유익이 주어질 것을 생각하며 감사할 수 있는 믿음을 달라고 기도하시기 바랍니다.

고난〈2〉

우리는 어려운 일이 있을 때마다 마치 운동선수가 훈련에 임하는 것 같이 해야 합니다. 코치가 연습에 박차를 가할 때 선수는 불평하지 않습니다. 그는 승리를 위하여 훈련하고 있으며 상을 받기 위한 준비를 하고 있기 때문입니다. 나의 삶에 코치가 되시는 하나님께서 나를 훈련시키고자 어려움을 주시는 경우에도 불평하지 말고 더 큰 승리를 소망하며 믿음을 지키도록 기도합시다.

우리의 삶이 위험에서 벗어나게만 해달라고 기도하는 것은 어리석은 것입니다. 도리어 어떠한 위험에 처하여도 겁을 내지 않고 헤쳐나갈 수 있는 힘을 달라고 기도합시다. 그리고 어떠한 어려움을 당해도 무조건 구원해 달라고 기도하지 말고 어려움을 극복할 수 있는 믿음과 그 어려움을 통해서 하나님의 선하신 뜻을 깨닫는 믿음을 달라고 기도합시다.

쾌락을 찾는 자들이 가장 먼저 쾌락을 발견하는 것은 아닙니다. 십자가의 쓴 잔을 경험한 자들이 참된 행복과 기쁨을 발견한다고 말합니다. 예수님께서는 죽음을 맛보신 후에야 승리의 부활을 경험하셨습니다. 따라서 우리가 참된 그리스도인의 기쁨을 얻기 전에 영적가

묶의 시기를 겪는 것이 이치에 맞다고 할 수 있습니다. 오늘 우리에게 주어진 고난의 쓴 잔을 믿음으로 잘 감당하여 더 나은 내일을 맞이하는 자들이 되기를 기도합시다.

삶이란 서로 어울리며 살아가는 것으로서 남이 어려움에 빠져 있을 때에 찾아가 위로하고 내가 곤경에 빠졌을 때에 내 마음에 주님의 사랑의 발자국 소리를 듣게 하시고 임마누엘 주님으로 밝게 살아가도록 기도합시다.

관계

예수를 믿는다는 것은 예수 그리스도와 나와의 인격적인 관계를 말하는 것입니다. 예수 그리스도와 나와의 인격적인 관계를 떠나서는 마치 실 끊어진 연을 쳐다보고 있는 것과 같습니다. 여러분은 주님과의 관계가 얼마만큼 좋은 관계를 가지고 살아가십니까? 누구도, 그 무엇도 나를 주님과의 관계에서 끊을 수 없을 만큼 튼튼한 관계라고 할 수 있습니까?

내가 약할 때 강하게 하시는 하나님, 내가 낮아질 때 높이시는 하나님, 내가 없을 때 있게 하시는 하나님, 내가 슬픔 가운데 있을 때에 기쁨을 주시는 하나님, 그 분이 내가 믿는 하나님이십니다. 우리는 그 분이 계심으로 희망이 있고 내일이 있는 것입니다. 이 시간 그분과 좀더 가까워질 수 있도록 기도합시다.

날마다 주님을 묵상하며 우리에게 좋은 것 주시는 주님을 기대하는 삶을 살도록 기도합시다. 그리고 날마다 주님의 사랑 안에서 살아가며 나태함과 게으름으로 다시는 범죄하지 않도록 기도합시다.

행복한 결혼 생활은 입맛이 같고, 취향이 비슷하고, 성취감이 일치할 때 비로소 행복감을 느낍니다. 우리의 부부가, 내가 속한 교회 담임목사와 성도가, 교인과 교인이 이러한 관계가 되기를 기도합시다.

우리의 삶은 어울림입니다. 서로가 공존하는 사회에서 어울려 어떻게 조화를 이루어 가는가 하는 것은 커다란 의미와 뜻밖의 좋은 결과도 가져오기 때문입니다. 이 시간 우리의 삶이 주님과 어울리고, 부부간에 어울리고, 교회 안에서 목회자와 어울리고, 성도들과 어울리고, 이웃과 어울리고 모든 사람과 어울리는 사람이 되고 모든 사람들이 좋아하는 우리가 되도록 기도합시다.

서로와의 관계는 대화를 먹고 자랍니다. 우리가 관계를 소홀히 할 때 관계에 어떤 일이 일어나는지 누구나 경험을 통해 알고 있습니다. 곧 보이지 않는 벽이 생기고 두 사람의 거리는 멀어집니다. 우리와 하나님과의 관계는 긴밀한 관계이니 만큼 많은 시간과 에너지가 필요로 합니다. 이 시간 나와 하나님과의 관계가 더욱 깊어지도록 더 많은 시간을 하나님께 드릴 수 있는 신앙의 결단을 드리기를 기도합시다.

그리스도인들의 기도의 목적은 무엇이라고 생각하십니까? 우리의 크고 끝없는 필요를 얻어내는 것이 기도라고 생각하십니까? 그렇지 않습니다. 기도의 목적은 하나님과 나와의 관계를 묶는 것입니다. 그래서 예수님은 "너희가 내 안에 거하고 내 말이 너희 안에 거하면 무엇이든지 원하는 대로 구하라 그리하면 이루리라"고 하신 것입니다. 나와 하나님과의 더 좋은 관계만 이루어지면 우리의 바라는 것이 무엇인들 얻지 못할 것이 무엇이겠습니까? 나와 하나님과의 관계를 보다 깊이 묶어지기를 기도합시다.

교육

지도자가 없다고 지도자가 그립다고 걱정하는 우리 바나바처럼 지도자를 키우고 지도자를 세우면 새로운 미래가 열립니다. 우리 교회학교와 대한민국 초, 중, 고, 대학교에서 공부하는 학생들이 민족과 세계의 지도자가 되도록 기도합시다. 특별히 교회학교 교사들과 학교 교사들을 위해서 기도합시다.

교제 〈1〉

슬픔은 끝나도 기쁨은 끝나지 않는 삶, 이 세상은 흔들려도 우리의 흔들리지 않는 삶, 내 마음은 변해도 변하지 않는 삶은 주 예수 그리스도와 함께 하는 삶입니다. 우리는 주안에서 이런 삶을 발견했으니 주님과 더욱 깊은 교제를 가지고 살아갈 수 있기를 기도합시다.

기쁨으로 교제를 나누며 살게 하소서라고 기도합시다. "주님이 우리와 함께 하심이 얼마나 크신 은혜입니까? 주님이 우리와 교제하심이 얼마나 놀라운 기쁨입니까? 주님께서 나를 만나 주셨듯이 나에게도 여러 성도들을 만날 때 주님의 마음을 주옵소서" 라고 기도합시다.

"나의 소리를 멈추고 내 마음을 열고 주님의 말씀을 듣게 하소서. 주님을 바라보며 내 영혼이 깨어 있게 하소서. 그리고 나를 찾아오시는 주님을 만나게 하소서"라고 기도합시다.

우리는 다시 돌아올 수 없는 소중한 세상 삶을 살아가고 있습니다. 우리는 하나님께로부터 왔기에 다시 하나님께로 가야합니다. 그러므로 우리는 소중한 삶을 살면서 보통 사람이 되지 갈고 주님 안에서 숨쉬고 주님과 더불어 살아가는 사람이 되기를 기도합시다.

교제〈2〉

우리는 기도하는 의무에 마음을 기울이도록 해야만 합니다. 기도를 소홀히 하고서 우리의 영혼이 성장할 수 없습니다. 하나님과 은밀한 교제를 많이 가질 수 있는 기도의 사람이 되기를 바랍니다. 기도가 그리스도인을 윤택하게 하는 방법입니다. 홀로 기도하십시오. 죄악을 대항하여 싸우는 최선의 방법은 무릎입니다. 영혼의 성장과 영혼의 윤택함과 매일 매일의 승리를 위하여 기도합시다.

중요한 결정을 내려야 할 때는 조용히 나 혼자 있는 시간을 가져보십시오. 그리고 조용히 기도해 보십시오. 여러분이 선택한 일에 대하여 하나님께 아뢰고 그분의 응답에 조용히 귀를 열어 보세요. "브니엘의 하나님" 즉 하나님께서 당신의 얼굴빛으로 우리에게 향하시고 우리의 중대한 일들을 이끌어 가기를 기도합시다.

정상적인 부부관계를 유지할 줄 모르는 사람은 하나님의 교회도 바로 섬길 수 없습니다. 바른 신앙이란 하나님과의 올바른 관계의 회복입니다. 에덴동산에서의 불행은 하나님과의 관계가 깨어진 것입니다. 그로 인하여 부부관계도 깨어졌습니다. 하나님과의 관계, 부부관계를 바로 갖도록 기도합시다.

당신을 향한 나의 기도가 키가 되어 이만큼 자랐습니다. 계절도, 바쁘다는 핑계도 나의 신앙을 허물지 못하기에 주님을 바라보고 이 자리에 앉았습니다. 다르게는 살 수 없고, 주님이 주시는 은혜가 아니고는 그 무엇으로도 채워지지 않는 갈급한 심령으로 여기 나왔사오니 이 시간을 통해서 주님이 주시는 기쁨과 소망으로 충만케 하옵소서 라고 기도합시다.

예수 그리스도는 "사람이 떡으로만 살 것이 아니요 하나님의 입으로 나오는 모든 말씀으로 살 것이라"고 말씀하셨습니다. 그리스도인들이 기도를 할 때 영이 새로워지고 거룩하여지는 것입니다. 우리들이 믿음의 삶을 살아간다는 것은 우리의 영혼이 하나님과 사귐을 갖는 것입니다. 기도하는 우리! 하나님과 더욱 깊이 사귐으로 살아가는 우리가 되도록 기도합시다.

교 회

교회를 세우시는 손길이 주님의 손길이기에 교회는 주님의 것입니다. 하나님의 크신 경륜 속에서 은혜로 세워지는 것이 교회이기에 교회는 주님의 것입니다. 우리 교회를 처음부터 세우겠다고 먼저 계획한 사람도 없고 생각한 사람도 없는데 오늘의 주님의 교회가 세워졌으니 이는 주님이 하신 것으로서 교회는 주님의 것입니다. 칼빈의 고백처럼 주께서 세우시고, 주께서 부흥시키는 교회를 우리는 어머니라 부르며, 교회를 사랑하는 자가 되기를 기도합시다.

주의 전을 사모하면서도 찬송할 수 없고, 예배할 수 없는 자들도 많지만 저희에게는 이러한 자유와 축복을 주셔서 시간마다 하나님께 예배하게 하심을 감사합니다. 피로 값 주고 사신 우리 교회, 은혜와 사랑이 넘치는 교회, 생동감이 넘치는 교회가 되게 하시고, 우리에게 교회를 주신 주님을 찬송하고, 우리 교회와 함께 주의 일을 하며, 우리 교회와 함께 복음을 전하게 하옵소서 라고 기도합시다.

우리의 마음이 중심을 잃고 흔들릴 때 우리의 마음의 중심을 붙잡아 주시고 믿음으로 기도하는 자가 되게 해달라고 기도합시다. 기도로 주님의 사랑을 체험하게 하시고 주님의 음성을 듣는 자가 되게 해달라고 기도합시다.

교회가 기도할 때 하나님은 역사 하십니다. 교회가 기도하는 것은 하나님의 주권을 시인하며 그리고 목회자를 인정하는 것이며 서로 협력하여 동참하는 것입니다. 교회가 기도할 때 역사가 일어납니다. 사도행전의 교회가 그 대표적인 교회입니다. 우리 교회가 새벽 기도회와 금요 기도회와 지역별, 정시 기도회에 더 많은 성도들이 참여할 수 있기를 기도합시다.

긍정

사람은 자신이 생각하는 대로 된다고 합니다. 그러므로 나에게 문제가 있다고 생각하지 말고 특별한 결단이 있다고 생각합시다. 실패할 것이라고 생각하면 실패할 것이고 성공할 것이라고 생각하면 성공할 것입니다. 변화시키고 싶은 것이 있다면 자신이 먼저 변화되어야 합니다. 그렇지 않으면 아무것도 변하지 않기 때문입니다. 이 시간 나에게 "내게 능력 주시는 자 안에서 내가 모든 것을 할 수 있다"는 신앙과 주님이 주신 기회와 여건과 능력으로 이 시대를 성공적으로 살아갈 수 있는 자가 되기를 기도합시다.

우리에게 있어서 가장 큰 문제점은 무능함이 아닙니다. 매사에 움츠러드는 것입니다. 생각해 보십시오. 우리는 하나님의 자녀입니다. 우리는 우리 안에 존재하는 하나님의 영광을 드러내기 위해서 주님의 부름을 받은 사람들입니다. 우리와 함께 하시는 하나님을 온전히 믿으십시다. 그리고 나와 함께 하시는 하나님만을 전적으로 믿고 의지하면서 매사에 긍정적인 생각과 자신감을 가지고 살아가도록 기도합시다.

기다림

나는 여러분에게 그리스도에 대하여 세 가지를 부탁하고 싶습니다. 첫째는 우리를 위하여 죽으신 그리스도를 기억하는 것이고 둘째로 우리와 함께 하시는 그리스도를 사랑하라고 말입니다. 셋째는 우리를 위하여 다시 오실 그리스도를 기다리라고 말입니다.

하나님은 우리의 기쁨 속에서 속삭이시고 우리의 양심 속에서 말씀하시며 우리의 고통 속에서 소리치십니다. 굶주림과 두려움과 연약함과 무능함이 절망의 형태로 여러분의 영혼을 사로잡고 있다면 지금이야말로 그 모든 것을 갈급한 기도에 담아 여러분의 영혼을 사랑하시는 주님께 내어놓을 때입니다. 주님은 우리의 소망, 우리의 노래, 우리의 구원자이십니다. 주님은 한 번도 우리를 사랑하시지 않으신 적이 없고 앞으로도 없을 것입니다. 주님께서는 우리를 기다리고 계십니다. 이 시간 주님께서 우리에게 말씀해 주시기를 기도하십시오.

우리들의 삶에는 하나님이 도와주셔야 할 부분이 있고 우리가 노력해야 할 부분이 있습니다. 그러나 여호와를 기다리는 것은 우리 자신의 노력을 신뢰하지 않아도 된다는 말이 아니라 우리의 모든 믿음이 하나님의 사랑과 하나님의 권능에 대한 믿음이 있어야 함을 의미합니다. 우리의 삶이 하나님을 전적으로 의지하는 믿음의 삶으로서 하나님의 도우심이 함께 하는 삶이 되기를 기도합시다.

다윗은 끈질기게 기도하며 하나님이 개입하시기를 계속 기다렸습니다. 오늘날 우리의 많은 기도들이 응답되지 않은 이유는 기도자가 응답을 기다리지 않기 때문입니다. 하나님의 때를 기다리며 응답을 기다리는 믿음을 주시기를 기도합시다.

여호와를 기다리는 사람은 하나님이 약속하신 축복을 간절히 기대하면서 그 법도를 따르려고 노력하는 자입니다. 우리는 자기가 바라는 일에 대하여 하나님의 약속을 믿고 인내를 가지고 기다려야 합니다. 나에게도 이러한 믿음과 인내를 통하여 하나님의 약속의 성취가 임하기를 기도합시다.

기도 〈1〉

하나님께서는 우리가 구하는 것보다 주시고자 하는 뜻이 더욱 크십니다. 아무리 우리가 열심히 구해도 주시려고 하시는 하나님의 열심에 비할 바 못되는 것입니다. 이 시간 우리의 소원을 가지고 끈질기게 구하고, 더욱 간절히 간구하는 믿음이 되도록 기도합시다.

　기도하지 않고 우리 마음대로 행한 것에 대하여 하나님이 책임지실 이유가 없습니다. 그러나 무슨 일을 하기 전에 하나님께 기도를 드렸다면 응답하실 하나님을 끝까지 믿으시기 바랍니다. 왜냐하면 하나님의 영광을 볼 것이기 때문입니다. 그리고 모든 일에 기도로 시작할 수 있기를 기도합시다.

　기도하는 사람은 언제나 강한 것을 알 수 있습니다. 우리가 기도를 하지 않을 때 힘을 잃고 좌절하며 낙망하게 됩니다. 우리가 그리스도인으로서 가장 중요한 것은 기도를 예수님처럼 습관적으로 하는 것입니다. 기도로 생활하는 사람은 담대합니다. 왜냐하면 모든 것을 주님께 의탁하였기 때문입니다. 하루의 일을 시작하기 전에 제일 먼저 주님께 기도한다는 것은 바로 축복된 성도의 삶인 것입니다. 한 해의 삶을 시작하면서 먼저 기도한다는 것은 바로 한 해를 축복의 해로 만들어 주실 하나님의 예비 신호입니다. 매일 새벽 주님께 나아와 기도하는 자가 되도록 기도합시다.

　기독교인들에게 부과된 의무들 중에 기도보다 더 본질적이고 더 소중한 것은 없습니다. 그러나 대부분의 사람들은 기도를 고된 의식으로 간주하며 꾸밈이나 아니면 두려움 때문에 하는 기도가 많은 것 같습니다. 만일 내가 거룩한 그분에게 인내로서 또한 계속적으로 기도하지 않는다면 우리는 더 큰 기쁨과 더욱 충만한 은혜를 받을 수 없을 것입니다. 나에게 기도가 가장 소중한 것이 되고, 가장 우선이 되고, 계속적으로 드리는 기도가 되도록 기도합시다.

기도를 한다는 것은 그리스도인을 그리스도인답게 하는 뿌리를 확인하며 사는 것입니다. 우리를 선택하여 사랑해 주시고 끌어당겨 주시는 하나님을 향한 인간의 활동이 기도가 되기 위해서는 두 가지가 요구됩니다. 하나는 마음으로부터 하는 것이고 다른 하나는 의식의 집중입니다. 이 두 가지가 갖추어지기를 기도합시다.

"믿음으로 살아가는 성도들의 삶은 홀로 이룰 수 없는 삶이오니 이 시대의 흐름을 따르지 않고 오직 주님만 바라보게 하소서. 그리고 우리의 발걸음을 인도하사 마음내키는 대로 가지 않고 하나님이 원하시는 길을 걷게 하소서"라고 기도합시다.

기도로 주님의 사랑을 체험하게 하시고 주님의 음성을 듣게 하소서. 우리와 함께 하시기를 원하시는 주님께 기도로 내 마음을 드리게 하소서. 그리고 말씀에 일치된 살게 하시기를 기도합시다.

기도〈2〉

기도는 하나님의 눈길을 보게 하고 이에 응하는 것이라고 할 수 있습니다. 즉 하나님의 눈길과 그 초대에 응하는 인간의 마음의 눈길이 기도라고 해도 좋을 것입니다. 하나님은 우리에게 분명한 기쁨의 시간들을 약속하셨습니다. 그 시간이 바로 하나님 앞에 기도하는 시간입니다. "내 기도하는 그 시간 내게는 가장 귀하다"는 찬송가 가사와 같이 나를 향하신 하나님의 눈을 의식하고 기도하는 시간을 가져보십시다.

십자가를 앞에 놓고 기도하신 예수님은 구원의 신비를 실현하여 마침내 교회를 건설하게 되지만 기도하지 못한 제자들은 비겁한 자들이 되고 말았습니다. 기도야말로 나약하고 현실사회에 먹혀버리기 쉬운 인간이 그 나약함을 극복하고 하나님의 숨은 비밀을 체험하는 것입니다. 시험에 들지 않기 위하여 깨어 있어 기도하라는 주님의 말씀을 기억하고 이 시간 나에게도 기도의 믿음을 주셔서 주님을 따르고 하나님의 더 큰 역사를 체험하는 자가 되기를 기도합시다.

물질의 소유가 풍성하다고 영혼의 평강도 누릴 수 있는 것은 아닙니다. 오히려 궁색한 처지가 기도의 절박함으로 인한 풍요를 누리는 데 필요한 요소입니다. 절박한 기도는 힘이 있습니다. 응답이 있습니다. 왜냐하면 절박한 기도는 진실한 기도요, 간절한 기도이기 때문입니다. 이 시간 기도할 때 인생의 위기에서 기도한 얍복강가의 야곱의 기도, 자식을 가질 수가 없어 성전에 나아와 기도한 한나의 기도, 죽음의 위기에서 기도한 히스기야의 기도처럼 우리의 절박한 처지를 놓고 기도합시다. 그리하면 마음에 기쁨과 응답으로 함께 하실 줄 믿습니다.

　기도하기를 쉬지 마십시오. 새 일이 임할 것입니다. 일할 수 있는 능력이 임할 것입니다. 기도를 멈추지만 아니하면 신령한 기쁨을 누릴 것입니다. 주님의 정신을 본받아 기도하는 어머니 기도하는 아버지가 되기를 소원합시다.

　우리가 기도할 때 몇 가지 조심해야 할 것이 있습니다. ① 억지로 하지 말고 자연스럽게 하고 ② 단순한 동기로 구해야 하고 ③ 마음을 다하여 큰 소리로 기도해야 하고 ④ 꾸준히 기도해야 합니다. 이 시간 우리의 사정을 가지고 큰 소리로 구해봅시다.

　갈망하는 기도는 주님의 이름을 부르는 모든 사람들이 그분을 만날 수 있는 통로입니다. 구약 시대에 아이를 갖지 못해 슬퍼하는 한나의 기도는 갈급한 기도로서 3천 년이 넘는 인간의 역사 속에서 사라지지 않고 갈급한 기도가 발하는 능력의 모델이 되었습니다. 나에게 나의 사정을 한나와 같이 갈급한 마음으로 쏟아 놓는 믿음을 달라고 기도합시다.

기도〈3〉

여러분은 얼마만큼 기도하십니까? 만일 기도하지 않는 다면 말 못하는 벙어리이며, 주님을 보지 못한다면 눈먼 소경입니다. 여러분이 주님께 가까이 나아가지 않는다면 아직도 주님과 가까이 하지 않는 신앙입니다. 주님 나에게 기도의 능력을 주옵소서. 나에게 주님을 볼 수 있는 눈을 열어 주옵소서. 주님께 가까이 나아갈 수 있는 믿음을 주옵소서라고 기도합시다.

기도의 가장 큰 방해 자는 기도를 어렵게 생각하는 그 생각입니다. 젖을 달라고 우는 것을 힘들게 생각하는 어린 아이는 없습니다. 우리들도 젖을 달라고 우는 어린아이와 같이 우리의 소원을 가지고 기도하는 자들이 되십시다.

쉬지 말고 기도하십시오. 우리가 기도를 쉬면 죄악이 틈타서 우리를 넘어지게 합니다. 하나님을 가까이 하십시오. 우리가 하나님을 멀리하면 영혼이 괴로워합니다. 주님은 나를 가까이하라 그리하면 나도 너희를 가까이 하리라고 하신 대로 주님을 더욱 가까이하는 자들이 되기를 기도합시다.

기도는 영혼의 깨끗한 욕망이요 가슴속에 숨겨진 불꽃입니다. 전능하신 하나님은 우리들에게 능력을 주시길 원하십니다. 우리들은 받는 일에 더 많은 관심을 기울이지만 하나님은 주시는데 더 많은 관심을 가지십니다. 우리 모두 기도하는 사람이 되어서 우리 속에 숨겨진 불꽃이 타오르기를 기도하고, 주님께서 네 소용대로 주리라는 말씀처럼 더 많은 것을 얻고 하나님을 섬길 수 있기를 기도합시다.

설교는 인간의 마음을 움직이지만 기도는 하나님의 마음을 움직입니다. 설교는 시간을 움직이지만 기도는 영원을 움직입니다. 우리는 주의 종의 설교를 통해서 우리의 마음이 움직이고 삶의 변화가 있기를 기도하며, 하나님의 마음을 움직이고 영원을 결정짓는 기도의 용사들이 되기를 기도합시다.

기쁨

"주여! 나의 삶에서 불행의 숫자만 세지 말게 하소서. 주여! 나의 삶에서 실패의 숫자만 세지 말게 하소서. 주님 안에서 구원의 축복과 은혜를 날마다 누리며 기쁨 속에 살게 하소서"라고 기도합시다.

기쁨이란 우리와 하나님과 더불어 교통하는 데서 생기는 것으로서 이 기쁨은 우리 삶의 가장 깊은 마음 속에 주어지는 것이며 우리들을 통하여 나타나는 것입니다. 나와 하나님과의 영적 교통이 잘 이루어지기를 소망하며 기쁨으로 충만한 삶을 살 수 있기를 기도합시다.

이삭이 태어남으로 인한 기쁨은 신앙과 인내의 오랜 연단 후에 오는 기쁨이었습니다. 아브라함과 사라는 일반적인 생산의 과정을 통해 자식을 기대할 때는 이미 지나가 버렸습니다. 그들은 신앙에 근거한 희망으로 하나님을 전적으로 의지할 수밖에 없었습니다. 끝내 신앙과 인내의 기다림이 보상을 받을 때가 온 것입니다. 오랜 기다림에 의해 단련된 하나님에 대한 신뢰가 그런 축복을 받음으로 확인되었을 때 그들의 기쁨이란 이루 말할 수 없이 컸습니다. 성도들의 신앙과 인내에도 반드시 보상이 있습니다. 그 날이 우리에게도 올 것을 믿고 기도합시다.

많은 그리스도인들이 자기 자신만의 하나의 어두운 작은 세계를 만들어 놓고 그 속에서 살고 있습니다. 그들은 그들의 삶의 영역에 하나님의 빛이 들어오지 못하도록 차단해 놓고 있습니다. 우리의 고통과 슬픔의 문제에 소망과 기쁨을 주실 하나님을 마음 속 깊이 받아들이며 살아갈 수 있기를 기도합시다.

영적 즐거움은 세속적인 즐거움과는 다릅니다. 그것은 우리가 하나님과 화목 되었다는 사실을 아는데서 비롯된 것입니다. 그래서 바울은 "우리가 환난 중에도 즐거워한다"(롬 5:3)고 했습니다. 우리는 높은 정상에 오른 사람이 태양을 바라보며 그 찬란한 광채를 즐기면서 노래하듯이 하나님의 능력으로 말미암아 승리 감에 충만하기를 기도합시다.

기적

　기도하는 사람에게 기적이란 따로 없습니다. 아버지 하나님의 응답이 있을 뿐입니다. 따라서 놀랄 일도 아무것도 없습니다. 왜냐하면 기도하는 대로 되어지는 것이 너무 당연한 것이기 때문입니다. 여러분에게는 이러한 일이 매일 반복되고 있습니까? 아니면 어쩌다 일어나는 기적으로 보여집니까? 기도하는 대로 되어지는 기도의 사람이 되기를 기도합시다.

　진지하게 구하는 사람에게는 하나님이 찾아오십니다. 그러나 우리가 어떤 태도로 예수님의 기적에 접근하든지 간에 다만 한 가지 일만은 확실합니다. 우리는 기적을 언제나 과거에 일어났던 어떤 사건으로 생각해서는 안됩니다. 기적은 지금도 일어납니다. 진지한 마음과 믿음으로 하나님 앞에 나아가 하나님의 사심을 몸으로 체험하기를 기도합시다.

　우리는 앉아서 기적만 바라볼 것이 아닙니다. 일어서서 일을 해야 합니다. 그리하면 하나님께서 우리와 함께 하실 것입니다. 그리고 예수 그리스도의 이름으로 드리는 기도와 노력으로 안 되는 일이 없을 것입니다. 오늘도 하나님은 일하는 자와 함께 하시는 분으로서 믿고 기도하고 행동하는 자가 되기를 기도합시다.

편안한 삶을 위해서 기도하지 마시고 강한 자가 되기 위해서 기도하십시오. 그리고 여러분의 능력에 맞는 과제를 위해서 기도하지 마시고 여러분의 과제에 맞는 능력을 구하시기 바랍니다. 그리 할 때에 그 일을 하도록 하나님께서 능력을 주실 것이며 믿고 기도하시기 바랍니다.

기회

하나님은 여러 가지 기회를 통하여 우리를 하나님께로 이끄시는 분이십니다. 우리의 삶에 작은 불편함이나 개인적인 문제까지도 사용하셔서 우리로 하여금 하나님의 도우심을 구하게 하십니다. 이 시간 우리의 문제와 소원을 가지고 하나님께로 더 가까이 나아가기를 기도하고 하나님의 도우심을 구하는 것마다 응답 받는 기도가 되기를 기도합시다.

인생은 짧습니다. 그러나 인생은 유익한 많은 기회들로 가득차 있습니다. 우리는 우리에게 기회가 주어졌을 때 그것을 인지하고 그것을 잘 활용하면 성공과 명예를 얻게 될 것입니다. 우리는 우리에게 기회가 주어졌을 때 현명하고 단호하게 하나님의 뜻을 수행할 수 있는 용기와 성실하게 살아가기를 기도합시다.

많은 일은 그 순간에 하지 아니하면 기회를 잃어버리며, 많은 결단은 그 즉석에서 하지 않을 때는 결단의 시기를 영원히 잃어버립니다.

우리는 우리가 해야 할 일을 더 편리한 시간이 될 때까지 연기하지 말고 기회를 선용함으로 그 일을 잘 감당하기를 기도합시다.

두 종류의 사람이 있는데 하나는 실패의 사람이요, 하나는 성공하는 사람입니다. 실패한 사람은 기회가 왔을 때에도 미래가 어떻게 될까? 걱정하면서 결단하지 못한 사람이요, 성공하는 사람은 기회가 왔을 때에 미래를 두려워하지 않고 결단하고 나가는 사람입니다. 하나님께서 내게 주신 기회를 선용함으로 삶의 성공자가 되기를 기도합시다.

나눔

예수님을 우리의 삶 가운데 모시고 살아가는 동안 우리는 예수님의 이름을 욕되게 해서는 안됩니다. 우리가 잠을 깬 매일 아침 그리고 하루에도 여러 번 예수 그리스도가 우리의 삶 가운데 계심을 확인해야 합니다. 매일 우리의 발걸음을 인도하시고 우리가 체험한 사랑을 다른 사람들에게도 나눌 수 있는 자들이 되시기를 기도합시다.

예수 그리스도는 우리의 시작이요 끝이 되십니다. 바울이 바라본 예수나 스데반이 바라본 예수를 향하여 우리의 시선을 고정시킬 수 있어야 합니다. 그 분이 저와 여러분의 처음과 나중이 되시도록 기도합시다.

우리가 어떤 사람을 어떻게 만나 함께 살아가느냐에 따라서 자신의 행복과 불행이 있을 수 있는 것입니다. 행복을 위해서는 우선 자기 스스로가 이웃을 즐겁게 해줄 능력이 있어야 합니다. 다른 사람이 내게 기대하는 것 이상으로 더 많은 것을 주어야 합니다. 그리고 남을 위해서 일하십시오. 그 사람이 무엇을 필요로 하는가를 기억하십시오. 이웃의 고통을 나누어 가질뿐더러 기쁜 일도 함께 나누는 자가 되기를 기도하기 바랍니다.

그리스도안에서의 사귐은 '나누어 주는 생활'과 '나누어 받는 생활'을 말합니다. 그리스도인은 고통만을 나누는 것이 아니라 위로함도 같이 나누어야 합니다. 나의 것으로 나누어야 할 것은 무엇이며 그 대상은 누구인가를 생각해 보고 그들을 위하여 나눌 수 있는 믿음을 갖기를 기도합시다.

능력〈1〉

능력 있는 사람만이 거룩한 사역을 감당할 수 있다면 모세의 양 치는 지팡이로는 홍해가 갈라질 수 없었을 것입니다. 부요한 사람만이 이 거룩한 사역을 감당할 수 있다면 소년의 손에 쥔 오병이어로는 오천 명을 먹일 수는 없었을 것입니다. 주님의 손에 붙들리기만 하면 마른 막대기도 능력이 되고, 굴러다니는 돌멩이도 다윗이 던진 물맷돌이 될 수 있습니다. 아이의 손에 작은 식물도 풍요가 될 수 있습니다.

우리는 연약함 때문에 기도하는 자들입니다. 능력을 구해 기도하다가 능력을 받는 것입니다. "항상 비어있는 빈 그릇 같은 우리의 심령에 은혜를 주옵소서" 라고 기도합시다.

우리에게서 주님을 빼고 나면 아무 것도 남지 않은 가난뱅이지만 주님이 함께하면 아무것도 부러울 것이 없는 축복받은 자가 됩니다. 그렇다면 주님은 물입니까? 불입니까? 바람입니까? 주님은 우리에게 있어서 기적의 신입니다. 그리고 주님을 사랑하는 자에게는 사랑으로 역사하시는 사랑의 신이십니다. 이 시간 기도로 그 주님과 속삭이게 하소서. 가장 소중한 것을 주님께 바치게 하소서. 라고 기도합시다.

거친 바다에 작은 배처럼 흔들리는 나에게 "잠잠하라!"고 명령하시는 주님이 우리 안에 거하시며 우리의 문제를 다스리십니다. 오늘도 몰아치는 파도를 맞으며 우리의 두 손을 모아 봅시다. 풍랑 속에서도 고요함을 주옵소서! 풍랑 속에서도 믿음을 지키게 하옵소서라고 기도합시다.

능력〈2〉

나사렛 예수는 누구십니까? 악한 영들과 바람에게 잠잠하라 명령하시면 그대로 순종하는 그 분은 누구십니까? 이러한 권세로 진리를 말씀하신 그 분은 누구십니까? 그 분이 바로 우리의 주님 예수 그리스도이십니다. 주님의 그 능력과 말씀이 나를 다스려 주시기를 기도합시다.

기도는 숨겨진 보화입니다. 하나님과 함께 하는 여러분의 은밀한 기도 생활을 누가 알겠습니까? 그런데 기도는 다른 사람에게만 아니라 여러분 자신에게도 숨겨져 있습니다. 여러분을 향하신 숨은 하나님의 섭리와 여러분에게 주시기를 원하시는 숨은 능력과 보화는 기도를 통해서 발견할 수 있습니다. 더욱 힘써 기도함으로 숨은 보화를 발견하는 자들이 되기를 기도합시다.

사도 바울은 영적인 폭력을 주장하지는 않았지만 영적 전투의 강력한 무기를 묘사하고 그 무기를 열심히 사용할 것을 주장했습니다. 이 세상에서 우리는 악의 세력이 무수한 사람들에게 죽음과 질병과 가난과 실패와 절망의 고통을 가져다 주는 것을 봅니다. 우리 중에도 그러한 피해를 입은 자들도 있습니다. 그러나 기도는 어둠의 세력과 후방에 몰래 잠입해 있는 영적 대적들을 멸할 수 있는 무기입니다. 우리 모두 영적 전투에서 이기는 자들이 되기를 기도합시다.

주님은 완성된 자를 찾지 않습니다. 부족한 사람, 나약한 사람, 병든 사람, 죄인들을 찾습니다. 그러나 예수를 영접한 사람들은 자족할 수 있는 사람들입니다. 왜냐하면 나약하고 부족하지만 믿음의 능력이 있고 힘이 있기에 강하고 담대하게 살아가는 자들입니다. 여러분 자신이 나약함을 느낄 때나 부족함을 느낄 때가 가장 주님을 가까이 할 수 있는 기회입니다. 그럼에도 불구하고 힘없는 사람처럼 살아간다면 그것은 자기 책임입니다. 우리 모두 하나님이 주신 힘과 능력과 믿음과 담대함을 가지고 살아가기를 기도합시다.

도움

우리는 약한 자로서 주님 없이는 살 수 없는 존재들입니다. 주님의 오른손에 힘을 가지고 계십니다. 그 힘으로 우리를 도와주십니다. 시편 18:1절에 '나의 힘이 되신 여호와여 내가 주를 사랑하나이다' 라고 고백한 시인처럼 이 시간 주님을 의지하는 나에게도 도움을 주시기를 기도합시다.

하나님은 영이시기 때문에 우리 영 안에 직접 오셔서 우리를 도우십니다. 우리에게 사랑과 지혜와 따뜻한 마음 등 우리의 필요를 허락하시고 충족케 하십니다. 그리고 믿음의 사람들에게 주셨던 그 마음이 그 시대를 이끌고 가게 하셨습니다. 주님의 마음을 나에게도 주셔서 많은 사람들을 온화하게 할 수 있는 선구자가 되기를 기도합시다.

우리가 세상을 살아가면서 뜻하지 않은 고난을 당할 때가 있습니다. 그러나 우리는 홀로 투쟁하는 것이 아닙니다. 예수님의 제자들이 배를 타고 갈릴리 호수를 건너다 풍랑을 만났을 때 예수님께서 바다 위로 걸어서 그들에게 찾아가신 것처럼 우리의 고난의 현장에 찾아오시는 주님이십니다. 그리고 "두려워 말라. 용기를 내라"고 하십니다. 그 음성이 나에게 들려지기를 기도합시다.

그리스도인들이 고난을 받을 때에 성령께서는 우리의 속 사람 안에서 자신의 능력으로 우리를 강하게 하십니다. 오늘도 우리를 도우시는 주님의 시선이 우리와 마주치고, 사랑의 속삭임이 우리의 귀에 들려지고, 새로운 용기가 우리에게 넘쳐나기를 기도합시다.

우리는 '그리스도' 없이는 살수가 없습니다. 따라서 우리는 모든 인간에게 '그리스도'가 되어야 합니다. 인간은 모두가 그리스도가 되어야 합니다. 내가 누구의 그리스도가 될지 모릅니다. 또 누가 나의 그리스도가 될지도 모릅니다. 인간은 서로에게 '그리스도'가 되어야 합니다. 내가 작은 그리스도가 되기를 기도합시다.

동반자

예수 그리스도는 가난하고 나약한 사람들을 찾아오셨습니다. 그분은 자신의 삶의 시간과 힘과 사랑의 마음을 아낌없이 나누어주신 분입니다. 그 어떤 대가도 바라지 않으시고 자신의 모든 것을 주셨습니다. 그리고 예수 그리스도는 자신만을 위하여 사신 분이 아니라 남을 위하여, 이웃을 위하여 사신 분입니다. 오늘도 예수 그리스도는 모든 사람의 친구이며 영원한 동반자가 되어 주시기를 원하고 있습니다.

나를 위해 오신 주님, 나와 영원한 동반자가 되기를 원하시는 주님을 더욱 사랑하게 하옵소서 라고 기도합시다.

주님! 그동안 남보다 앞장 서지 못하고, 너무나 오랫동안 끌려가듯 살았습니다. 과거의 뜨거웠던 믿음은 식어진 채 차디찬 마음으로 살았습니다. 앞에 보이는 십자가를 향해, 예루살렘을 향해 올라가시기로 굳게 결심하신 주님의 얼굴을 봅니다. 좌로나 우로 치우침 없이 걸어가신 주님을 뒤따르면서 우리는 주님의 소원을 따라서 합당하게 살아가게 하옵소서 라고 기도합시다.

세상이 우리에게 주는 고통과 시련이 많은 만큼 주님께서 우리에게 주시는 위로와 능력은 무한합니다. 세상이 우리를 무관심 하는 만큼 주님께서 우리를 생각하시는 마음은 자녀를 생각하는 부모의 마음 이상입니다. 우리는 아무것도 그 누구도 두려워하지 맙시다. 주님이 우리와 함께 하시기 때문입니다. 우리들도 주님과 동행하는 믿음을 갖기를 기도합시다.

하나님이 함께 아니하는 것보다 더 큰 불행이 없고 하나님이 함께 하는 것보다 더 큰 행복은 없습니다. 찬송가 204장은 생후 6개월만에 소경이 된 크로스비라는 여사가 작사한 가사입니다. 3절에 "주안에 기쁨 누리므로 마음의 풍랑이 잔잔하니 세상과 나는 간 곳 없고 구속한 주만 보이도다"라고 하였습니다. 주안에 있기만 하면 불구의 몸이라도 불행을 느끼지 않고 행복을 느끼며 사는 것입니다. 이 시간 우리는 주님께서 보잘 것 없는 나와 함께 하시는 행복에 대하여 감사하십시다.

마음

마음이 문제입니다. 화가 나면 생각 없이 나오는 대로 말을 하는 입술이 문제입니다. 상대방의 장점보다 약점을 크게 보는 눈이 문제입니다. 진정한 회개와 거듭남이 없이 살아가는 우리의 마음이 문제입니다. "주님의 마음을 주옵소서. 주님의 입술을 주옵소서. 주님의 눈을 주옵소서"라고 기도합시다.

바울은 우리에게 세상을 본받지 말고 하나님의 온전하시고 기뻐하시는 뜻을 분별할 수 있도록 우리의 마음을 새롭게 함으로 변화를 받으라고 하십니다. 여기 '새로운 마음'이란 '예수 그리스도의 마음'을 말합니다. 바울은 빌립보 교인들에게도 '너희 안에 이 마음을 품으라 곧 그리스도 예수의 마음'이라고 했습니다. 우리의 관점이나 사고방식이 예수 그리스도와 동일하기를 기도합시다.

하나님과 우리와의 관계에 있어서 가장 중요한 것은 마음의 자세입니다. 우리가 아무리 선한 행위와, 예배와 기도와 봉사를 한다 할지라도 그러한 것이 마음의 올바른 자세에서 나오지 아니하면 무가치한 일입니다. 하나님은 당신을 찾는 사람들의 중심을 보십니다. '이

새의 아들 다윗을 만나니 내 마음에 합한 사람이라'고 말씀하신 하나님께서 나를 보실 때도 내 마음이 하나님 보시기에 가장 아름답고 인정하는 마음이 되기를 기도합시다.

공은 경사진 곳으로 굴러가게 되며 배는 키를 잡은 선장이 조종하는 대로 움직입니다. 마찬가지로 사람의 생각은 내부에 악이 우세한가 선이 우세한가에 따라 행동이 달라집니다. 우리의 마음이 하나님께 향함으로 몸의 지체가 따라가기를 기도합시다.

우리의 마음은 성령을 모시고 있는 신성한 영역입니다. 우리의 허락이 없이는 어떤 것도 우리의 마음 안에 머무를 수 없습니다. 그리고 어떤 것도 하나님께 대한 나의 신앙과 믿음을 흔들리게 할 수는 없습니다. 우리의 마음 속에 옳은 것을 심어서 언제나 주님과 함께 하는 삶을 살아가기를 기도합시다.

만남

예수 그리스도와의 만남이 없는 인생만큼 영원한 슬픔이 어디에 또 있겠습니까? 반면에 십자가에 달리신 예수 그리스도와의 만남보다 값진 행복이 어디에 또 있겠습니까? 여러분은 예수 그리스도를 만난 자 입니까? 삭개오처럼, 사마리아 여인처럼, 사도 바울처럼 예수 그리스도를 만나기를 사모하며 기도합시다.

하나님과의 만남은 우리를 성숙케 할 뿐만 아니라 우리에게 소망을 공급해 줍니다. 아브라함이 하나님을 만남으로 미래가 주어졌고, 모세가 하나님을 만남으로 민족의 영도자가 되었고, 바울이 예수 그리스도를 만남으로 이방의 선교사가 된 것처럼 우리들도 하나님과의 만남이 이루어져야 합니다. 이 시간 기도하실 때 내가 하나님을 만나되 인격과 인격이 만나고 영혼과 영혼이 만나는 자들이 되기를 기도합시다.

오늘날 성도들 가운데는 하나님을 믿되 머리로 믿고, 귀로만 듣는 불분명한 분들이 많이 있습니다. 참 신앙이란 예수를 믿되 '머리로 믿지 말고 가슴으로 믿어야 하고, 귀로만 듣고 믿지 말고 눈으로 보고 마음으로 믿는 신앙'이 되어야 합니다. 나의 신앙도 욥과 같이 눈으로 주를 뵈옵는 하나님을 만나는 신앙이 되기를 기도합시다.

만남이라는 것은 단순한 접촉이 아닙니다. 그것은 '나와 너'라는 인격적인 관계로서 생명과 생명의 접촉입니다. 우리의 신앙이란 바로 주님과의 만남입니다. 마음과 마음이 만나고 인격과 인격이 만나고 영혼과 영혼이 포옹하는 만남이 이루어지기를 기도합시다.

목마른 사슴이 마실 물을 찾듯이 우리도 하나님을 찾기를 갈망합시다. 우리가 하나님께 예배를 드리다가 예배 중에 계신 하나님의 현존함을 깨닫기를 기도합시다. 기도를 드리다가 의인의 기도에 귀를 기울이시는 하나님을 만날 수 있기를 기도합시다.

만족

　만족! 얼마나 매력적인 말입니까! 그런데 그것이 무엇입니까? 어디에서 발견된단 말입니까? 누가 그것을 실감하도록 가르쳐 줄 것입니까? 그것은 외형적이거나 물질적인 것이 아니라 내면적이고 영적인 것입니다. 그리고 그것은 영원한 것입니다. 그리고 그것은 하나님이 주시는 것입니다. 나에게도 영원한 만족을 주시기를 기도합시다.

　집이 커서 천평 넓이라 하더라도 잠잘 때에는 여덟 자 길이면 족한 것이고, 전답이 많아서 만경창파같이 곡식이 많아도, 하루에 두 되 쌀이면 그만입니다. 내 집 담이 남과 같이 높지 못하고 내 곳간의 쌀이 남과 같이 많지 못하다고 원통해할 것은 없습니다. 남의 것을 부러워하지만 않는다면 생활의 괴로움의 절반은 덜 수 있습니다. 나에게도 자족하는 은혜 주시기를 기도합시다.

　우리가 갖지 못하고 있는 환상이 저편에서 손짓하고 있다고 해서 우리가 현재 가지고 있는 것의 좋은 점을 보지 못해서는 안됩니다. 우리의 자질과 능력은 완전하지 못할지 모르지만 그것들도 삶의 필요한 어떤 것들임에는 틀림이 없습니다. 하나님이 내게 주신 것에 대하여 감사한 마음을 가지고 살아갈 수 있도록 기도합시다.

사람은 하나님에게 가지고 가야 할 것이 있습니다. 그것은 자기 자신입니다. 그러므로 인생의 큰 숙제는 하나님 앞에 부끄러움 없이 가지고 갈 수 있는 자기 자신과 성격과 마음과 영혼을 다듬는 일입니다. 그렇게 하기 위해서는 하나님과의 관계가 더욱 좋아야 합니다. 그리고 이것이 우리의 신앙의 목표입니다. 하나님! 나에게도 하나님과 더욱 좋은 관계가 되게 하소서라고 기도합시다.

바울은 "내게 능력 주시는 자 안에서 내가 모든 것을 할 수 있다"라고 하였습니다. 바울은 어떤 역경 속에서도 예수 그리스도가 계시기 때문에 가지고 못가진 것에 대해서는 어떤 차이도 없었습니다. 예수 그리스도와 함께 하고 그리스도 안에서 살아갈 수 있는 믿음을 나에게도 주옵소서 라고 기도합시다.

말씀

몸이 고단할 때는 단잠으로 풀어야 합니다. 그러나 영혼이 괴로울 때는 하나님의 말씀으로 치료를 받아야 합니다. 잠언 3:8절에 "이것이 네 몸에 양약이 되어 네 골수로 윤택하게 하리라"고 하셨는데, 주님께서 주실 은혜를 기다리면서 주님의 말씀이 우리의 속 사람을 강건하게 하시고 주시는 말씀으로 우리의 속 사람이 윤택한 복을 받아 살아가도록 기도합시다.

육신 속에 영혼의 지성소가 있음을 믿는 사람이라면 그 육체를 위하여 물과 빵과 고기로만 채우려 들지는 아니할 것입니다. 왜냐하면 그것으로 채우면 채울수록 갈급함을 느낄 수 밖에 없기 때문입니다. "사람이 떡으로만 살 것이 아니요 하나님의 입으로 나오는 모든 말씀으로 살 것이니라"는 주님의 말씀처럼 우리도 하나님의 말씀을 더욱 사모함으로 우리의 속 사람, 즉 영혼이 잘 되고 범사도 잘 되고 강건한 복을 주시기를 기도합시다.

　인간은 누구나 태어날 때부터 세상의 그 무엇으로도 채울 수 없는 빈 방, 즉 영혼의 갈증을 가지고 태어났습니다. 오장육부, 심장은 피로, 위장은 음식물로, 소장은 소화물로, 비장은 쓴 물로, 복장은 욕심으로 채울 수 있을 것입니다. 그러나 우리 영혼의 깊은 방은 오직 하나님의 말씀과 사랑 외에는 다른 것으로 채울 수 없습니다. 이 시간 우리의 영혼이 하나님의 은혜의 말씀과 하나님의 사랑으로 가득 채워지기를 기도합시다.

　목사는 성도들이 예배드리고 봉사하려고 함께 모일 때에 하나님의 말씀을 잘 전하고자 힘써서 준비합니다. 그런가하면, 성도들은 하나님의 말씀을 잘 듣고 서로 격려하고 도와줌으로써 사랑을 실천하는 자들이어야 합니다. 사랑에 굶주린 이 세상에서 주님의 사랑을 전하고자 힘쓰고, 나누고자 힘쓰는 주의 종과 성도들과 자신을 위하여 기도합시다.

하나님은 몇 가지 면에서 거울과 같습니다. 그분께 가까이 갈수록 우리 자신이 더 선명하게 보입니다. 우리는 그분을 가까이 함으로 우리가 누구인지를 볼수 있을 뿐 아니라 그 분이 의도하시는 우리의 모습도 볼 수 있습니다. 여러분이 누구인지 알고 싶습니까? 그리고 하나님이 바라시는 우리의 모습은 어떤 모습인지 알고 싶습니까? 그렇다면 하나님을 더 가까이 할 수 있기를 기도하시기 바랍니다.

목표

아무리 열심히 주님을 따르려고 해도 따를 수 없는 주님입니다. 그러나 반드시 우리가 따라야 할 영원한 우리의 푯대입니다. 좀더 마음을 모으고, 시간을 드리고, 흐트러진 삶을 드리면서 주님께 나아가기를 기도합시다.

미국 캘리포니아에 가면 로버트 슐러 목사님이 담임하는 수정교회가 있습니다. 그 목사님은 성공의 조건 3가지를 주장합니다. ① 마음 속에 꿈을 가지라는 것입니다. ② 갈망하는 마음을 가지라는 것입니다. ③ 모험이 필요하다는 것입니다. 여러분에게 꿈이 있습니까? 그렇다면 천국은 침노하는 자의 것이라고 하셨으니 그 일을 위하여 더욱 힘쓰는 자가 되기를 기도합시다.

주님의 부르심을 받은 사람들 중에도 종종 실패하는 경우가 있습니다. 그 이유는 무엇일까요? ① 소망의 그림이 없기 때문입니다. ② 내가 하려고 하기 때문입니다. ③ 하나님의 말씀과 함께 하지 않기 때문입니다.

배가 부두에서 떠날 때는 가야할 항구가 있는 것입니다. 우리의 삶도 자기가 무엇을 할 것인가를 제일 먼저 결정하는 것이 필요합니다. 여러분의 삶의 가장 큰 목표는 무엇입니까? 그것이 가장으로서, 주부로서, 직장인으로서, 사업가로서, 교회 안에서의 직분 자로서, 목표를 내어놓고 기도합시다.

사람들 가운데는 네 종류의 사람들이 있습니다. ① 자신에게 주어진 일도 다 처리하지 못하는 사람 ② 자신에게 주어진 일만 하는 사람 ③ 필요한 일을 스스로 찾아서 하는 사람 ④ 자신은 물론 다른 사람들까지 스스로 일하게 만드는 사람, 여러분은 네 종류의 사람 중에 어느 사람이 되고 싶습니까? 자기의 소원을 가지고 기도하시기 바랍니다.

도둑에게서도 배울 것이 있습니다. 그들은 밤이 늦도록 일합니다. 자신이 목표한 일을 하룻밤에 끝내지 못하면 다음날 밤에 또 다시 시도합니다. 작은 소득에도 목숨을 겁니다. 도둑에게서도 배울 것이 있다면 우리는 성경을 통하여 예수 그리스도를 배우고 확신하며 예수 그리스도가 우리의 희망임을 온전히 나타낼 수가 있을 것입니다. 여러분은 예수 그리스도를 통해서 무엇을 배웠으며 무엇을 나타내 보여주고 있습니까? 한 해도 아니고 여러 해를 믿고도 주님을 나타내지 못한 우리는 아닌가요? 이 시간 주님을 바로 보고 바로 나타내는 자가 되기를 기도합시다.

문제

예수 그리스도께서 죽은 지가 나흘이나 되어 썩어 냄새가 나는 나사로를 향하여 무덤에서 나오라고 부르시는 주님의 모습은 예수 그리스도의 생애 중 가장 중대한 순간이었을 것입니다. 만일 [나사로가 무덤을 열고 나오지 아니했더라]면 많은 사람들로부터 조롱을 받으셨을 것입니다. 그러나 예수께서는 거기 모여있는 모든 사람들이 바라보고 있는 그 때에 이미 죽은 나사로가 그 명령을 듣고 나온다는 사실을 알 수 있도록 큰 소리로 말씀하셨습니다.

예수 그리스도는 구원자이십니다. 그 분이 우리를 구원하셨고 또한 우리의 묶인 어떤 문제도 풀어주시는 분이십니다. 모든 것에 주권자이신 주님 앞에 여러분의 중대한 문제를 맡기고 기도합시다.

어두움이 짙다는 것은 더 밝은 빛을 갈망한다는 이야기입니다. 여러분 중에 칠흑 같은 절망의 상황에 놓여있다 할지라도 심령의 빛만 꺼지지 않으면 믿음의 광채로 여러분의 삶에 소망을 가져온다는 사실을 기억하고 "주여! 나에게 심령의 빛을 주시기를 기도합시다. 그리고 그 빛으로 우리의 가정을 바꿔 놓을 수 있는 한 몫을 감당하기를 기도합시다.

여러분의 마음에 가지고 있는 소원을 입으로 말하는 믿음을 주시기를 기도하십시오. 그리하면 팔과 다리에 힘이 솟구치고 머리에는 지혜와 가슴에는 담대함이 임하리라 믿습니다. 이것이 창조주 하나님이 우리에게 함께 하신 증거입니다. 우리 모두 주님과 함께 일하는 자들이 되고 우리의 하는 모든 일에 긍정적인 말과 주님이 주신 지혜와 담대함으로 살아갈 수 있는 믿음을 주시기를 기도합시다.

우리가 생활을 하다보면 뜻하지 않은 일을 당할 때가 있습니다. 그 때에 바로 우리의 신앙의 본 모습이 나타나게 되는 것입니다. 이때 믿음의 사람들은 도리어 주님께 의지하고 기도하는 삶으로 주님을 더 가까이 하게 됩니다. 이 시간 자기의 문제와 자기가 소속되어 있는 기관 식구들의 문제까지 간구하는 자가 진정한 그리스도인입니다. 다른 사람의 문제까지도 자기 문제처럼 생각하고 기도하는 진실한 그리스도인이 되도록 기도합시다.

믿음

주님을 얼마나 사랑하고 있습니까? 주님을 얼마나 믿고 있습니까? 주님을 위해서라면 그 어떤 것도 희생할 수 있습니까? 주님께 여러분의 모든 것을 맡길 수 있습니까? 주님이 나의 전부가 되시기를 기도합시다.

사람이 사느냐 죽느냐, 잘 사느냐 못 사느냐 하는 문제가 예수를 믿는 믿음 안에 달려있는 것입니다. 예수를 믿는 일은 결코 세상을 사는 여러 일들 가운데 하나가 아닙니다. 예수를 믿는 일 안에 세상 모든 일들이 있습니다. 그렇다면 우리는 예수를 믿는 일들을 얼마나 귀하게 생각하십니까? 예수 그리스도가 가장 우선이 되고 삶의 최고의 목표가 되기를 기도합시다.

예수님은 많은 병자들을 고치셨습니다. 그때마다 '네 믿음이 너를 구원하였다'고 말씀하였습니다. 병이 없이는 그 병을 이길 수 있는 믿음이 나올 수 있겠습니까? 아픔과 어려움이 나의 믿음을 더하고 그로 인하여 주님의 치유의 은총을 체험하는 믿음이 되기를 기도합시다.

우리는 흔히 불신자는 교회 밖에만 있는 줄로 알았는데 교회 안에도 불신자가 있습니다. 어렵고 힘든 문제가 있을 때 더욱 그렇습니다. 교회에 다니면서도 진실한 신자가 아닌 자들이나 확실한 믿음으로 살지 못하는 자들도 있습니다. 여러분은 정말 신자입니까? 어려운 일이 올 때에도 흔들리지 않는 신앙을 소유할 수 있습니까? 감사할 수 있습니까? 하나님의 신실하신 그 약속이 성취될 때까지 기다릴 수 있습니까? [주님 나에게 신자다운 믿음을 주옵소서] 라고 기도합시다.

나에게 하나님을 볼 수 있는 순수한 믿음을 달라고 기도합시다. 나에게 하나님의 음성을 들을 수 있는 겸손한 마음을 달라고 기도합시다. 나에게 하나님을 섬길 수 있도록 주님을 사랑하는 마음을 달라고 기도합시다. 내가 하나님 안에 거할 수 있도록 믿음을 주시기를 기도합시다.

우리가 그리스도인이라면 날마다 새로운 날의 시작이 새로운 창조의 시작이라는 사실과 매 순간이 예수를 닮을 수 있는 절호의 기회라는 것을 알게 될 것입니다. 그리고 주변에 함께 거하는 이들에게 주의 복음을 전하는 기쁨이 얼마나 중요한 사명인가를 알아야 합니다. 주님을 닮는 믿음. 그리고 주님의 복음을 전하는 믿음을 구합시다.

미 래

1년 된 사과나무나 감나무에서 탐스런 열매가 많이 달려 있으리라고는 기대할 수 없을 것입니다. 농부는 이것을 알고 있기에 보이지도 않는 열매를 바라고 열심히 거름을 주고 가꾸어 나가는 것입니다. 우리는 그리스도인들입니다. 우리들의 삶에는 언제나 기도하면 응답하시고 찾으면 찾게 해주시고 두드리면 열리게 해주시는 우리들의 아버지 하나님이 함께 하십니다. 그분은 우리들의 삶 전체는 물론 우리의 영원한 세계까지 인도하시는 분이십니다. 우리의 더 나은 미래를 위하여 기도합시다. 심는 일에 더욱 힘쓰는 믿음을 주시기를 기도합시다.

주님은 언제나 겸손한 자에게 은총을 내리십니다. 교만한 사람은 겸손한 사람이 받을 축복의 분깃이 없습니다. 게으른 사람은 부지런한 사람이 받을 축복의 분깃이 없습니다. 심지 않은 사람은 심은 사람이 거둘 축복의 열매도 없습니다. 여러분은 주님께 무엇을 바라십니까? 겸손하십시오. 부지런하십시오. 심는 자가 되십시오. 그리고 거두는 자가 되도록 기도합시다.

내일에 대한 소망은 이 땅에서 우리의 의무를 행하는데 없어서는 안되는 것입니다. 만약 우리가 미래를 볼 수 있다면 자기 의무에 소홀히 할 사람도 많을 것입니다. 그런 의미에서 미래가 우리에게 숨겨져 있는 것은 우리의 큰 소산입니다. 여러분은 더 나은 미래를 위하여 오늘을 어떻게 살아가십니까? 심어 거둔다는 하나님의 약속을 생각하면서 자기 의무에 충실하기를 기도합시다.

바울에게 있어서 가장 중요한 생의 부분은 과거나 현재보다도 미래였습니다. 바울은 자신의 먼 미래를 바라보았습니다. "이제 후로는 나를 위하여 의의 면류관이 예비되었으므로 의로우신 재판장이 그 날에 내게 주실 것이니라"는 미래를 바라보았습니다. 현재 상태가 아무리 만족하고 행복하다 할지라도 보장된 미래가 없다면 그것은 절망뿐입니다. 성도의 참된 보상은 미래에 남아 있습니다. 나에게 미래가 있음을 알고 현재를 보다 더욱 성실하게 살아가기를 기도합시다.

미래를 가지고 있는 사람은 가장 행복한 사람입니다. 우리는 세상에서 우리가 한 일에 대하여 보상을 받는 것도 좋지만 그보다 더 중요한 것이 있으니 그것은 그 보좌 앞에서 상급을 받는 일입니다. 이러한 상급은 하나님의 가장 큰 은혜입니다. 하나님을 믿는 성도는 미래를 바라보고 살아야 합니다. 우리가 받게 될 빛나는 영광을 기대하며 주님과 살아가는 일에 전심전력하기로 기도합시다.

믿음

치료를 필요로 하는 모든 영혼에게 해야 할 질문은 무엇보다도 "네가 낫고자 하느냐?"입니다. 우리가 우리의 마음과 생활 속에 자리잡은 비 신앙의 인격 안에 주님은 일하실 수 없고 우리가 필요로 하는 축복을 주시기 위해서 우리 안으로 들어오실 수가 없습니다. 우선 우리 자신의 속 사람을 새롭게 하고 주님이 우리를 통해서 일하실 수 있도록 갈망하며 기도하시기 바랍니다.

우리는 의지적으로 다음과 같은 결심을 해야 합니다. 그것이 하나님께서 바라시는 것입니다. "주님! 나의 생활에서 그릇된 행동을 고치고 주님의 뜻에 순종하게 하옵소서. 그리고 주님이 원하신다면 그것이 우리의 가정이든 습관이든 어느 것이든지 주님의 뜻에 대항하지 않겠습니다"라고 기도합시다.

성경은 희망의 책입니다. 우리 하나님은 희망의 하나님이십니다. 그리고 우리로 하여금 희망 가운데서 살아가기를 바라십니다. 성령께서 우리를 통하여 일하시도록 자리를 비워드린다면 그분은 우리 안에 희망이 넘쳐나게 해주실 것입니다. 이 시간 성령께서 우리를 다스려주시기를 기도합시다. 그리고 매일 매일 성령의 인도를 따라 살면서 우리의 삶이 희망과 승리로 살아가기를 기도합시다.

영의 세계에서 기도로 올려진 우리의 목소리와 마음은 방아쇠와 같습니다. 그리고 하나님의 말씀과 뜻은 폭발력 있는 탄약과 같습니다. 우리 모두 하나님의 말씀과 뜻에 합당한 삶과 믿음의 기도로 승부를 거는 믿음을 주시기를 기도합시다.

친한 친구에게 마음을 털어놓듯이 여러분의 마음 속에 있는 것을 전부 하나님께 털어 놓으십시요. 서로 비밀이 없는 사람들은 대화가 끊이질 않을 것입니다. 감추어 둘 것이 전혀 없기 때문에 그들은 말을 아끼지 않습니다. 우리의 하나님께 드리는 기도가 비밀이 없고, 꾸밈이 없는 기도로 우리의 사정을 하나님께 아뢰는 시간이 됩시다.

바라보라

주님을 바라볼수록 우리의 마음은 평온합니다. 주님을 바라볼수록 우리에겐 위로가 넘칩니다. 주님을 바라볼수록 우리에겐 새 힘이 넘칩니다. 주님을 바라볼수록 우리에겐 소망이 넘칩니다. 주님을 바라볼수록 우리는 주님을 닮게 됩니다. 이 시간 우리의 시선이 주님만 바라볼 수 있도록 기도합시다.

 소경 거지 바디매오가 '나사렛 예수여!' 라고 힘써 불렀습니다. 사마리아의 문둥병자가 다윗의 자손 예수를 소리 높여 불렀습니다. 그 결과 깨끗하게 고침을 받았습니다. 우리도 우리의 사정을 주님 앞에 내어놓고 부르짖는 시간이 됩시다.

 한때 인도의 성자 마하트마 간디는 말하기를 "성경의 예수는 참으로 좋으시고 그의 산상수훈은 인류의 황금률이라고 생각한다. 그러나 예수 믿는 사람은 별로 좋아하지 않는다"고 했습니다. 이것이 무슨 소리입니까? 우리는 이 시간 나의 모습 속에서 작은 예수가 보여지기를 기도합시다.

 영적 갈망은 주님의 이름을 부르는 모든 사람들이 주님을 만날 수 있는 유일한 통로입니다. 그런데 갈망하는 기도는 위기와 고된 인생 속에서 잉태되어 나오는 것입니다. 이 시간 저와 여러분의 아픔과 괴로움의 문제들이 응답받기를 갈망하며 기도합시다.

변화〈1〉

 복음은 듣고 행하라고 주신 말씀이 아니고 듣고 믿으라는 말씀입니다. 말씀이 믿어지기 전에는 아무런 변화도, 마음의 그 어떤 소원도 이루어질 수 없습니다. 이 시간 하나님의 말씀이 의심 없이 믿어지는 자기 믿음, 그리고 그 말씀대로 살고자 하는 변화를 간구합시다.

하나님은 어떤 분이십니까? 하나님은 내 인생의 모든 것을 믿음의 조건으로 바꾸시는 분이십니다. 성경에 보면 믿음이란, 방금 배가 뒤집힐 듯한 심한 풍랑 속에서도 배 안에 계신 주님을 믿고 두려워하지 않는 것이라고 되어 있습니다. 풍랑이 없이는 풍랑을 두려워하지 않는 믿음이 나올 수 없다는 이야기입니다. 저와 여러분에게 뜻하지 않는 시련의 풍랑과 고난이 있습니까? 배 안에도 계시는 하나님이 우리의 상황 중에 계심을 믿고 '바람아 잔잔하라'라고 명령하시기를 기도하십시다.

기독교는 다른 사람이 아닌 바로 나 자신에게 하는 말입니다. 기독교는 다른 사람이 어떻게 되어야 한다고 말하지 않습니다. 바로 나에게 네가 새로 태어나야 한다는 말입니다. 나는 얼마나 변화가 되었습니까? 나는 진정으로 거듭난 자입니까? 성령으로 거듭난 나의 모습이 되기를 기도합시다.

기독교는 다른 사람 때문에 그렇다고 말하지 않습니다. 바로 너 때문에 그렇다고 말합니다. 기독교는 다른 사람에게 바로 믿어야 된다고 말하는 것이 아닙니다. 바로 나보고 바로 믿어야 된다고 말합니다. 나의 믿음이 많은 사람들에게 인정을 받는 믿음이 되고 내 안에 계신 예수 그리스도를 보여주는 믿음이 되기를 기도합시다.

변화〈2〉

그리스도인은 몸과 마음을 하나님께 의뢰하고 주님의 마음과 뜻을 따르는 사람입니다. 그래서 참된 성도가 되려면 가장 먼저 우리의 심령이 예수 그리스도의 마음으로 변화가 되어야 하고, 그리고 새롭게 변화된 자의 삶은 이전의 생활이나 이전의 말투나 이전의 행동과는 달라져야 합니다. 과연 나는 얼마나 주님을 닮았습니까? 얼마나 변화가 되었습니까? 내가 주님을 본받는 자가 된 것처럼 너희도 나를 본받는 자가 되라는 바울의 신앙 고백이 우리의 고백이 되기를 기도합시다.

이 세대는 살아계신 하나님의 증거를 간절히 찾고 있습니다. 우리 주변에 살아계신 하나님의 존재를 보여줄 수 있는 가장 큰 증거는 우리의 변화된 삶입니다. 그렇다면 나는 변화되었습니까? 자기 변화를 위하여 기도합시다.

예수 그리스도가 우리의 삶에 들어오실 때 그 분은 우리의 삶을 변화시키고, 인격을 변화시키는 일을 시작하십니다. 예수 그리스도가 우리의 생각과 행동 속에 나타나도록 주님께 기도합시다.

그리스도인은 신앙고백을 하거나 교회에 출석하는데 머물지 말고 생활 속에서도 그리스도와 함께 살아야 하는 것입니다. 철저하게 그리스도 편에서야 합니다. 여러분의 삶의 모습 속에는 그리스도가 보여지는 삶입니까? 여러분은 주님 편에 서서 살아가는 자입니까? 자기를 돌아보며 더 나은 우리의 모습이 되기를 기도합시다.

주님께서는 멸시받던 우리들을 사랑스럽게 만들어 주셨습니다. 나약하기만 하던 우리들을 강건하게 다듬어 주셨습니다. 그러나 나는 부지런히 행하지도 못하였습니다. 아직도 놓지 못한 세상의 끈들도 있습니다. "주님! 주님께서 후회하지 않는 사람이 되고 싶습니다. 내가 너를 구원한 것이 참 잘하였지, 내가 너를 사랑한 것이 참 잘하였지, 내가 네게 복을 준 것이 참 잘하였지, 그런 사람이 되고 싶습니다." 라고 기도합시다.

보호

하나님은 연약하여 넘어진 자를 일으켜 주시고 벙어리의 말을 들어주시고 굶주린 자에게 좋은 것을 먹여 주시는 하나님이십니다. 이 시간도 하나님께 온전히 고하면 양육의 손길로, 보호의 가슴으로 기르시는 하나님이십니다.

하나님께서는 우리의 연약함을 아시고 신실하게 보호해 주십니다.

시편 기자는 하나님의 보호의 손길을 가리켜 "방패와 손 방패가 되신다"(91:4)고 했습니다. 우리는 하나님의 약속을 의심해서는 안됩니다. 하나님의 신실하신 그 약속을 따라서 나를 맡기고 가정을 맡기고 하는 일을 맡기고 미래를 맡기며 전적으로 주만 의지하기로 기도합시다.

하나님께서는 언제나 그의 백성과 그 백성의 모든 적 사이에 계십니다. 우리를 대항하는 모든 적들 사이에 하나님이 계신다는 사실을 발견하는 것은 우리의 특권입니다. 현실이 아무리 어렵다 할지라도 나를 보호하시는 그 하나님이 나에게도 발견되어지도록 기도합시다.

하나님께 대한 믿음의 위력은 우리를 담대하게 할 뿐 아니라 어떠한 어려움에서도 강하게 지켜주시는 하나님이십니다. 참된 믿음은 살아 계신 하나님과 더불어 일하는 것입니다. 이 믿음을 나에게 주옵소서 라고 기도합시다.

시련이 올 때는 하나님의 보호하심이 필요하지만 사업이 번창할 때는 하나님의 보호하심을 망각하고 살아가는 사람들이 많습니다. 그렇지만 역경에서와 마찬가지로 형통한 중에서도 하나님은 우리를 지키실 준비가 되어 있는 분입니다. 하나님의 보호의 손길에 나를 맡기고 가정을 맡기도록 기도합시다.

보물

　이 세상에서 가장 큰 보물은 우리의 마음 속에 있습니다. 주님만이 우리의 보물입니다. 이 세상 모든 것을 배설물로 버릴 수 있을 만큼 주님은 우리의 보화입니다. 많은 사람들이 이 보물을 귀하게 여기지 아니할지라도 우리들만은 주님을 우리의 보화로 삼고 살아가도록 기도합시다.

　우리의 마음 속에는 두 개의 보물을 간직할 공간이 없습니다. 만일 둘 중에 하나를 선택해야 한다면 여러분은 하나님과 물질 어느 쪽을 택하시겠습니까? 나의 삶의 우선순위가 주님이 되시기를 기도합시다.

　값진 보물은 나눌 때 더욱 값진 것이 됩니다. 그것은 깨뜨려지기 전까지는 아무런 향기도 나지 않습니다. 여러분은 무엇을 위하여 그것을 사용하였습니까? 내가 가진 옥합이 무엇입니까? 주님께서 원하신다면 깨뜨릴 수 있는 믿음 주시기를 기도합시다.

　인간은 누구나 보물을 소유하기를 원하나 진정한 보화는 첫째는 사랑이요 두 번째는 분수에 자족함이요 세 번째는 겸손입니다. 나에게도 이 세 가지가 갖추어지기를 기도합시다.

이 세상에는 많은 보물이 있습니다. 그리고 사람들은 그것을 얻기 위하여 열정을 바칩니다. 만일 '보물'이 예수 그리스도를 더 잘 이해하는 능력이라면 여러분은 어떻게 하겠습니까? 바울은 그것을 얻기 위하여 '푯대를 향하여 좇아갔습니다' 주님! 나에게도 주님이 이 세상 무엇보다 더욱 귀한 분임을 알게 하소서 라고 기도합시다.

복

여러분은 하나님이 여러분에게 주신 복을 깨닫고 살아가십니까? 하나님이 우리에게 주신 복은 부자가 갖고 있는 금과 은이 아니며 우리의 지식과 명예가 아니라, 하나님을 찾는 마음과 하나님을 아버지라 부를 수 있는 특권과 그리고 영생입니다. 이 고귀한 복을 감사하는 기도를 드리십시다.

주를 바라보는 눈은 복이 있습니다. 왜냐하면 그 눈에는 소망이 가득하며 그 눈에는 기쁨이 넘치기 때문입니다. 주의 말씀을 듣는 귀는 복이 있습니다. 왜냐하면 주님의 음성을 듣는 그 귀에 위로의 음성을 주시기 때문에 새 힘이 넘쳐납니다. 이 시간 우리의 눈이 주님만 바라볼 수 있는 눈이 되기를, 우리의 귀가 주님의 말씀만 듣는 귀가 되기를 기도합시다.

하나님의 자녀들에게는 8가지 복이 있습니다. ①하나님의 은혜 ②

하나님 말씀의 맛 ③자기를 이기는 것 ④타인을 양성하는 것 ⑤환난 중에 평안한 것 ⑥영원한 생명을 얻은 것 ⑦주님과 동행하는 삶 ⑧만물을 다스리고 정복하는 권세입니다. 이상의 8가지 복을 주신 하나님께 감사하는 기도를 드립시다.

우리가 하나님께 복을 받는 비결은 자기 안에 있는 의지와 감정과 지식으로 하나님과의 올바른 관계를 맺어야 합니다. 우리는 순간적이고, 감각적이고, 육체적인 것에서 행복을 찾으려고 하지말고 하나님과 올바른 관계를 가지고 하나님이 기뻐하시는 일에 힘쓰도록 기도합시다.

야베스는 복에 복을 더해 달라고 기도했습니다. 우리의 삶에 기도는 분명히 우리의 삶을 절망에서 희망으로 바꾸어 놓고야 말 것입니다. 주님을 바라보며 확신 있는 기도를 드릴 때 우리의 삶은 놀라운 변화를 가져올 것입니다. 야베스와 같은 믿음과 부르짖음에 놀라운 하나님의 은총과 축복이 임하기를 기도합시다.

복종

우리가 사는 동안 영혼의 눈과 귀가 흐려지지 않기를 소원합니다. 세상의 것으로 가득 차 있고 옛날의 혈기가 살아나고 교만해질 때 영혼의 눈과 귀는 가리워 지는 법입니다. 그러므로 우리는 날마다 자기를 비우고 날마다 자기를 허물어뜨리며 날마다 자기를 쳐서 주의 말씀 앞에 복종시키는 삶을 살 수 있기를 기도합시다.

우리 중에는 꾸물거리는 습관 때문에 수렁에 빠져 갈급해 하는 이들이 허다합니다. 더 심각한 것은 우리 많은 그리스도인들이 요나처럼 산다는 것입니다. 불순종이라는 뱃속에 있으면서도 자신이 왜 거기 있는지 그 이유조차 모릅니다. 요나는 하나님의 뜻을 피해 달아나기로 결정하던 날부터 문제가 시작된 것입니다. 나에게는 하나님의 뜻을 어긴 적은 없습니까? 요나 같이 풍랑을 가져온 장본인은 아닙니까? 심중의 진실한 기도와 믿음의 기도로 서로를 살리는 자가 되기를 기도합시다.

본

우리는 그리스도를 닮아가도록 부름을 받았습니다. 그러나 우리는 종종 세상을 닮아갑니다. 우리는 세상 사람들을 본받지 말라고 하신 주님의 부탁을 받았습니다. 그러나 우리는 이 세상의 그릇된 모습, 그릇된 습관을 가지고 살아가고 있습니다. 우리도 앞서 보여주신 주님의 본을 따라 살아가도록 기도합시다.

"믿음으로 살아가는 성도들의 삶은 홀로 이룰 수 없는 삶이오니 이 시대의 흐름을 따르지 않고 오직 주님만 바라보게 하소서. 그리고 우리의 발걸음을 인도하사 마음내키는 대로 가지 않고 하나님이 원하시는 길을 걷게 하소서"라고 기도합시다.

모범은 비록 말이 없으나 가장 영향력이 큰 교사입니다. 행동으로 보여주는 실제 생활은 언제나 말보다 그 감화력이 큰 것입니다. 좋은 충고도 중요하지만 거기에 좋은 본이 따르지 않을 때 그 영향력은 별로 없는 것입니다. 우리의 삶이 말보다 행동으로 보여주는 영향력이 있고 감화력이 있는 삶이 되기를 기도합시다.

예수님은 제자들에게 진리를 이론으로만 던져 주는 선생이 아니었습니다. 예수님 스스로가 가르침대로 사셨습니다. 예수님의 가르침이 능력이 있었던 것은 그의 교훈이 그의 생활과 일치하는데 큰 원인이 있었습니다. 예수님은 모범을 보이지 아니한 바리새인들과 서기관들을 아주 못마땅하게 생각했습니다. 우리의 믿음이 삶과 일치되기를 기도합시다.

많은 그리스도인들이 예수님의 십자가를 소망의 근거로 여기고 그 십자가를 자랑하기도 하지만 그것을 삶의 법칙으로 삼으려는 자들은 많지 않습니다. 우리의 삶을 축복으로 바꾸어 놓을 수 있는 유일한 원리는 십자가의 원리요, '내가 너희에게 행한 것 같이 너희도 행하게 하려 하여 본을 보였노라'고 하신 주님의 정신입니다. 자기 희생을 통하여 본보기의 신앙을 가질 수 있기를 기도합시다.

봉사

선한 목자는 자기를 기르지 않습니다. 선한 목자는 자기를 먹이지 않습니다. 선한 목자는 자기를 위하여 행하지 않으며 선한 목자는 자기 양을 위해서 행합니다. 선한 목자는 자기 양을 위해서 온갖 수고와 희생도 기꺼이 치를 수 있습니다. 나는 선한 구역장, 선한 기관장, 선한 교사입니까? 잃은 영혼을 위하여, 그리고 맡겨주신 양들을 위하여 선한 목자로서 충성할 수 있기를 기도합시다.

우리 교회안에 소속한 기관에서 다른 사람이 이루어 놓은 작은 일이라도 그 의미를 이해하고 조금이라도 내가 도울 일은 없을까? 생각하는 사람은 하나님의 일꾼입니다. 여러분이 소속한 교회학교나 기관이나 구역에서 내가 도울 일이 무엇인가를 생각하고 그 일을 위하여 어떻게 일 할 것인가를 구체적으로 기도하시기 바랍니다.

참된 사랑을 가지고 봉사하는 사람이야말로 하나님 안에 거하고 하나님께서는 그 사람 안에 계십니다. 교회가 그리스도의 가르침을 사람들에게 납득 시키려면 서로를 존중하며 서로에게 봉사하는 삶이 되어야 합니다. 참된 사랑으로 봉사함으로 함께 일하시는 하나님의 역사를 나에게도 주시기를 기도합시다.

사랑의 봉사에는 아무런 조건이 붙어서는 안됩니다. 우리는 봉사를 전도의 수단으로 써서도 안됩니다. 왜냐하면 봉사를 어떤 방편으로 삼을 때에 이것은 순수한 봉사가 아니기 때문입니다. 우리에게 순수한 사랑의 봉사를 할 수 있도록 기도합시다.

그리스도인의 봉사에는 우리의 가진바 능력이 문제가 되지 않습니다. 다만 우리가 쓸만한 위치에 놓여있을 때 하나님은 우리들을 사용하십니다. 오늘도 우리가 처한 곳에서 우리가 할 수 있는 일을 위하여 자신을 내어놓고 하나님의 영광을 위하여 사용되기를 기도합시다.

봉 헌

성경에는 단 한 웅큼의 밀가루 밖에 없는 과부가 그것을 하나님의 사람에게 바침으로 많은 양식거리를 얻게 된 이야기가 나옵니다. 가난 없이는 가난을 극복하는 믿음이 나올 수 있겠습니까? 가난을 조금도 부끄럽게 생각하지 말고 도리어 내게 주신 것으로 주님을 정성껏 섬기기를 기도합시다.

아름다운 나라를 주시고 자랑스런 조상들을 주시고 거룩한 교회를 허락하셨지만, 우리들은 나라를 사랑하지 못하고 조상들이 지킨 그 믿음을 본받지 못하고 주님의 몸 된 교회를 사랑하지 못하였음을 용서해 달라고 기도합시다. 특별히 주님을 사랑하는 마음으로 나라와 민족을 사랑하고 나를 통해서 주님의 귀한 뜻이 이루어지도록 기도합시다.

출애굽기 35:29절의 말씀을 보면 히브리 백성들이 성막을 건축한 내용이 나옵니다. 그때 헌물을 바침에 있어서는 가난한 자라고 해서 뒷전으로 물러나지는 않았고 부자라고 해서 많은 것을 요구받지도 않았습니다. 하나님께서는 지금도 마찬가지로 그 사람이 가지고 있는 것에 한해서 요구하시지 가지고 있지 않는 것을 요구하시지 않으십니다. 하나님이 나에게 요구하시는 것이 무엇이며 내가 드릴 수 있는 것은 무엇인지 생각해 보고 주께서 원하실 때에 우리들이 가진 것으로 나아가기를 기도합시다.

아무런 일도 하지 않고 하나님 나라에 가기를 희망하는 자들이 있습니다. 그들은 하나님 나라에 이를 수 없습니다. 그러나 하나님 나라를 위하여 일하지 않는 자들은 그곳에서 초라한 자신의 모습을 볼 것입니다. '너희를 위하여 보물을 하늘에 쌓아 두라'고 말씀하신 그 나라를 위하여 일하고 드리며 살아가는 자들이 되기를 기도합시다.

예수님께서는 누구를 상대로 과부의 전폭적인 봉헌을 모범으로 삼도록 내세우셨습니까? 이미 예수님의 말씀을 들으며 많은 가르침을 받아 온 사람들에게 강조한 것이 사실입니다. 오늘 우리의 헌신이 생활비 전부를 바친 과부와 같은 정신으로 드려지기를 기도합시다.

부르심

여러분은 괴로워하는 사람들을 보았습니까? 그가 바로 하나님이 부르시는 사람입니다. 너는 이스라엘의 잃어버린 양에게로 가라고 예수님은 말씀 하셨습니다. 여러분은 그들을 향하여 가고 있습니까? 주님의 요구하심과 명령을 가지고 우리를 부르시는 하나님 나라로 나아가기를 기도합시다.

하나님이 우리를 부르신 그 부르심에는 우리의 임무도 뒤따릅니다. 하나님께서 모세를 부르셨을 때 모세가 머뭇거리며 "주님, 죄송합니다. 제발 보낼만한 사람을 보내시기 바랍니다"(출 4:13)라고 뒷걸음을 쳤습니다. 그러나 하나님은 포기하지 않으시고 그를 강권적으로 몰아 세웠습니다. 위대한 성공의 길이란 홍해 언덕의 노래도 있고 하나님과 더불어 40일 동안 대화하는 일도 있고 빛나는 얼굴이었으며 변화산상에서의 주님 앞에 서는 최고의 영광도 있었습니다. 하나님의 부르심을 입은 우리들도 하나님의 뜻을 따라서 내가 해야 할 일이 무엇인가를 깨닫고 순종함으로서 모세와 같은 하나님의 은총을 입는 자들이 되기를 기도합시다.

주님을 섬기도록 부름을 받은 자들이 각자의 임무에 충실하려면 '주님의 사랑'으로 섬기는 수고를 해야 합니다. 그리고 우리를 부르신 주님에게 가장 큰 기쁨이 되는 봉사는 주님의 양떼를 돌보는데 있습니다. '내 양을 먹이라. 내 양을 치라'는 주님의 요구하심을 따라서 우리의 도움이 필요한 자들을 돌보는 일에 최선을 다하는 자들이 되기를 기도합시다.

처음에 예수님을 따른 자들은 유식한 사람들이 아니라 무식한 사람들이었습니다. 그들은 세련되지 못한 사람들이었고 교육을 받지 못한 사람들이었습니다. 오늘날에도 예수님께서는 보잘 것 없는 우리들을 필요로 하십니다. 우리들은 교회 생활에 있어서 조직이나 제도나 직분이 필요할지 모르나, 그보다 더 요구되는 것은 버릴 것을 버리고 그 명령에 복종하려는 마음의 자세를 요구하십니다. 우리는 처음 부르심을 입은 자들의 뒤를 따라서 주님의 뜻에 온전히 복종하며 일하는 자들이 되도록 기도합시다.

하나님께서 우리를 부르신 목적은 우리가 일하는 각 분야에서 예수님께서 다시 오실 때까지 하나님의 영광을 위하여 살기 위함입니다. 그러므로 우리는 우리의 삶의 현장에서 우리가 가진 재능과 능력을 따라서 일하는 자들이 되기를 기도합시다.

부요

가난 중의 가장 큰 가난은 믿음이 없는 가난이요, 인재 없는 가난이며, 봉사 없는 가난입니다. 이 시간 기도하실 때에 "나에게 믿음의 부요함을 주시기를 기도하시고, 우리 교회로 하여금 많은 인재를 배출할 수 있기를 기도하시고, 주님과 교회를 위한 봉사의 열정을 더하여 주옵소서" 라고 기도합시다.

나는 부자입니까? 가난한 자입니까? 몇 가지 예로서 자신의 모습을 되돌아봅시다. 첫째, 친구의 사업이 성공할 때 흐뭇하고 아름다운 친구의 용모에 샘이 나지 아니하면 부자입니다. 둘째, 남을 위하여 돈을 쓸 때 주저되거나 아까운 생각이 나지 아니하면 부자입니다. 셋째, 아들딸이 보통 사람으로 성장하고 있는 것에 대하여 감사한 생각을 가지고 있으면 그는 부자입니다. 여러분은 진정한 부자입니까? 가난한 자입니까? 나에게 있어서 버려야 할 것이 있다면 무엇인지 반성해 보고 마음을 바꾸어 진정한 부자가 되기를 기도합시다.

나는 부자입니까? 가난한 자입니까? 몇 가지 예로서 자신의 모습을 되돌아봅시다. 첫째, 식사 기도를 드릴 때마다 마음속으로 그 음식에 대한 감사한 마음이 있다면 그는 부자입니다. 둘째, '모자라다. 더 있어야 되겠다'하는 생각보다 '이만한 것도 얼마나 감사한가'하는 생각이 크면 부자입니다. 셋째, 남을 비판하는 마음의 횟수보다 축복하는 마음의 횟수가 더 많으면 그는 부자입니다. 여러분은 진정한 부자입니까? 가난한 자입니까? 나에게 있어서 버려야 할 것이 있다면 무엇인지 반성해 보고 마음을 바꾸어 진정한 부자가 되기를 기도합시다.

나는 부자입니까? 가난한 자입니까? 몇 가지 예로서 자신의 모습을 되돌아봅시다. 첫째, 현재나 과거를 후회하고 한탄하는 생각보다 그 마음이 내일이라는 집에 살고 있으면 그 사람은 부자입니다. 둘째, 가장 바쁠 때 하나님을 생각할 수 있다면 그는 부자입니다. 셋째, 죽음에 대하여 자신감이 있으면 그는 부자입니다. 여러분은 진정한 부자입니까? 가난한 자입니까? 나에게 있어서 버려야 할 것이 있다면 무엇인지 반성해 보고 마음을 바꾸어 진정한 부자가 되기를 기도합시다.

부흥

초대교회의 비밀은 무엇입니까? 그것은 바로 하나님의 말씀과 성령에 이끌린 기도였습니다. 그들은 하나님의 성령을 전적으로 의지하였으며, 하나님의 보좌 앞에 나아가 기도하였고 사도의 가르침을 받았습니다. 성령, 기도, 말씀에 치중한 우리가 되기를 기도합시다.

부흥은 깨어나는 것이며 살아나는 것입니다. 에스겔 35:5절에 보면 '…내가 생기로 너희에게 들어가게 하리니 너희가 살리라'고 하셨습니다. 그리고 보면 부흥의 근원은 하나님에게 있습니다. 하나님의 영이 우리에게 임할 때 가능한 것입니다. 꺼져 가는 우리의 신앙에 하나님의 생기가 들어감으로 회복되는 은총 주시기를 기도합시다.

부흥은 하나님이 주시는 것입니다. 그러나 이것은 우리가 하나님의 뜻을 이행할 때 일어나는 것입니다. 여러분 안에 부흥을 가로막고 있는 장애물은 없습니까? 우리에게서 하나님의 뜻에 대치되는 것들을 거두어 주시고, 하나님의 뜻에 순종하는 우리가 되기를 기도합시다.

청교도들의 부흥은 영국인이 하나님의 말씀을 읽기 시작할 때 시작 되었습니다. 하나님의 말씀이 인간의 마음 속에 들어가자 그 말씀이 성실하지 못한 사람, 부도덕한 사람 등 많은 사람들을 변화의 역사로 몰아갔습니다. 여러분은 하나님의 말씀을 사랑하십니까? 그리고 그 말씀을 즐겨 읽습니까? 오늘 우리에게도 하나님의 말씀을 사랑하는 믿음과 하나님의 말씀을 늘 가까이 할 수 있는 청교도 신앙을 주시기를 기도합시다.

비판

산꼭대기에서 보아도 산의 안 보이는 곳이 있습니다. 산이 제일 잘 보이는 곳에서 보아도 다 못 보는 구석이 있습니다. 가까이 있는 산 하나도 제대로 못 보면서 하물며 상대방에 대해서 다 아는 것처럼 섣불리 말하는 어리석은 자들은 아닙니까? 우리는 그동안 얼마나 많은 편견을 가지고 다른 사람에 대하여 말을 했었습니까? 부끄러운 자신의 모습을 돌아보고 자기 눈 속에 있는 들보를 빼는 자가 되기를 기도합시다.

과거의 추한 부분들, 후회스러운 일들, 정말 원치 않았던 어리석은 행동들, 결코 해서는 안 되었던 말들, 꼭 했으면 하고 바랐는데 못했던 것들, 머릿속에 떠나지 않고 끊임없이 여러분을 괴롭히고 있는 실수들… 이런 일들이 두 번 다시없기를 기도합시다.

비판은 좋은 것입니다. 그러나 그 비판이 하나님 앞에서 입체적인 관계가 아닐 때 그 비판은 중상과 모략으로 변하고 맙니다. 예수님은 '비판을 받지 아니하려거든 비판하지 말라 너희의 비판하는 그 비판으로 너희가 비판을 받을 것'이라고 했습니다. 나에게 나보다 남을 더 낮게 여기는 믿음 주시기를 기도합시다.

비판이란 위험한 것입니다. 왜냐하면 그것은 사람의 소중한 자존심에 상처를 입히고 그의 자신감에 손상을 주고 그리고 원한을 불러일으키기 때문입니다. 저와 여러분은 남들이 보지 않은 곳에서 남을 비판한 적은 없습니까? 남을 비판한 죄를 용서해 주시고, 비판 대신에 칭찬을 앞세우는 자가 되기를 기도합시다.

빛

어떤 사람은 하나님을 믿으면서도 교회생활에만 주력할 뿐 교회 밖의 생활은 중요하게 생각하지 않는 자들이 있습니다. 이러한 신앙은 잘못된 신앙입니다. 살아 있는 성도는 하나님을 믿을 뿐만 아니라, 생활 속에서 신앙생활을 하는 사람입니다. 예수님은 우리의 믿음이 '세상의 빛'이요, '세상의 소금'이라고 했습니다. 우리의 믿음이 너무 편협 되지 않고 교회와 삶이 일치되어 빛과 소금의 역할을 다하도록 기도합시다.

예수 그리스도를 믿는다는 것은 무엇을 의미합니까? 그것은 예수 그리스도를 주님으로 모시고 그리스도 안에서 살아가는 것입니다. 돌아온 탕자와 같이 참되고 진정한 회개가 있을 때에 새 사람이 되는 것입니다. 그리스도인들이 살아가고 있는 곳이라면 달라져야 합니다. 왜냐하면 그들에게는 언제나 주님이 함께 하시기 때문입니다. 그리고 성령이 그들을 도와주기 때문입니다. 내가 머물러 있는 곳에서 주님이 보여지고 아름다운 변화가 일어나기를 기도합시다.

예수 그리스도는 사람들을 변화시키고 사람들의 마음을 밝게 하시며, 그들의 마음에 하늘의 기쁨을 가져다 주셨습니다. 그럼에도 불구하고 이 세상에는 아직도 참 빛이신 예수 그리스도를 영접하지 않고 어둡고 답답한 마음을 간직한 채 살아가는 자들이 얼마나 많이 있습니까? 우리는 저들에게 이 빛을 전해야 하고 저들의 어두운 마음을 밝게 해야 할 책임을 가지고 있습니다. 그 일을 위하여 우리가 해야 할 일을 생각해 보고 기도하시기 바랍니다.

그리스도인의 의무는 그리스도인이 아닌 사람들을 전도하여 그들로 하여금 그리스도인이 되기를 원하도록 하는 것입니다. 우리는 빛이 되어야 하며, 빛으로 나타나야 하며, 좋은 모습을 보여 주어야 하며, 위험에 대하여 경고 해야 하며, 본이 되는 삶을 살아야 합니다. 우리의 삶의 행실이 어떻게 보여지고 있습니까? 자기 개선책과 저들 앞에 어떻게 서야 할 것인가를 다시 한번 다짐하는 기도를 드립시다.

사고

우리의 생각 속에도 예수 그리스도는 찾아오신다는 사실을 아십니까? 생각은 행동을 만들고 행동은 결과를 낳습니다. 우리들은 날마다 무엇을 생각하십니까? 우리들이 믿음을 가지고 생각하고 그 생각 속에 주님이 찾아오신다고 생각한다면 우리의 생각은 분명히 달라질 것입니다. "더 좋은 생각, 더 나은 생각, 건전한 생각, 주님의 생각을 주옵소서" 라고 기도합시다.

예수 그리스도처럼 생각하고 행동하면 그리스도인이 됩니다. 환자처럼 생각하고 행동하면 환자가 됩니다. 거지처럼 생각하고 행동하면 거지가 됩니다. 그러나 성공한 자처럼 생각하고 행동하면 성공한 자가 됩니다. 우리의 모습은 그 생각과 행동에 달려 있습니다. 이 시간 나의 생각이 주님처럼, 부자처럼, 성공한 자처럼 생각하고 행동하는 자가 되게 해달라고 기도합시다.

우리에게 있어서 가장 큰 문제점은 무능함이 아니라 매사에 움츠러드는 것입니다. 생각해 보십시오. 우리는 하나님의 자녀입니다. 우리는 우리 안에 존재하는 하나님의 영광을 드러내기 위해서 주님의 부름을 받은 사람들입니다. 우리와 함께 하시는 하나님을 온전히 믿으십시다. 그리고 나와 함께 하시는 하나님만을 전적으로 믿고 의지하면서 매사에 긍정적인 생각과 자신감을 가지고 살아가도록 기도합시다.

많은 사람들이 다섯 가지 감옥에 산다고 합니다. ① 자기의 좋은 면만 보는 자기도취의 감옥 ② 다른 사람의 나쁜 점만 보는 비판의 감옥 ③ 오늘과 내일을 암담하게 보는 절망의 감옥 ④ 다른 사람만 부러워하는 선망의 감옥 ⑤ 다른 사람이 잘되는 것을 싫어하는 증오의 감옥입니다. 오늘 저와 여러분이 이러한 감옥에 갇혀 있지는 않습니까? 이러한 감옥에서 빨리 나오기를 기도합시다.

사 명

자신감은 작은 것에서부터 출발해야 합니다. 성공은 결코 하루아침에 이루어지지 않습니다. 작지만 구체적인 일들을 열심히 하면서 크고 원대한 꿈에 도전할 수 있는 힘을 쌓는 것입니다. 세상을 떠들썩하게 만든 유명한 사람들도 많지만 묵묵히 자기 일을 하며 살아가는 사람들이 우리 주변에 더 많이 있습니다. 여러분은 어떤 사람이 되고 싶습니까? 그리고 하나님이 원하시는 일은 어떤 일이라고 생각하십니까? 작은 일이라도 꾸준히 묵묵히 감당하는 자가 되기를 기도합시다.

그리스도인에게 있어서 누구나 믿고 구원을 받은 이 후에는 바로 그날부터 특별한 사명이 주어지는데 첫째는 내적인 문제로서 자기 자신의 영적 생활의 충실을 위한 것이고 두 번째는 외적인 문제로서 남의 영혼을 구원해야 하는 선교적인 사명이 주어지는 것입니다. 이것은 행하여도 좋고 행하지 않아도 되는 것이 아니라 꼭 그렇게 행해야만 하는 당위적인 사명입니다. 여러분은 이 두 가지 사명을 얼마나 충실하게 감당해 왔습니까? 우리의 부실한 사명을 뉘우치고 이 두 가지 사명을 위하여 전심전력하기로 기도합시다.

다음과 같은 짧은 사명의 시가 있습니다. 시간마다 울리는 종, 아이들이 당겨도 '댕그랑' 어른들이 당겨도 '댕그랑' 소리로 우는 것이 네 사명이다. 그렇다면 우리의 사명은 무엇입니까? 목회자로서 성도로서 우리의 사명이 무엇인가를 생각하고 그 사명을 위하여 충성할 수 있기를 기도합시다.

사람이 세상을 살아감에 있어서 사명처럼 고귀하고 신성한 것은 없습니다. 그것은 삶의 전체라고 할 수 있기 때문입니다. 성경 말씀은 우리에게 자기 사명을 다하지 못한 자의 비참한 운명을 말씀해 줍니다. 그것은 주님의 영광의 잔치 자리에 참여 할 수 없다는 것입니다. 여러분은 하나님이 주신 사명의 자리를 지키고 있습니까? 특별히 교회 안에서의 우리의 사명에 충실하기를 기도합시다.

우리를 향하신 하나님의 뜻은 우리의 사명의 기준이 됩니다. 우리가 해야 할 모든 일은 우리가 하는 것이 아니라, 하나님께서 우리가 그 일을 할 수 있도록 도우십니다. 그러나 우리가 만일 어떤 일에 손을 댈 수 없다면 그 일을 포기하지 말고 하나님께 기도함으로써 감당할 수 있는 자들이 되기를 기도합시다.

사랑〈1〉

여러분의 가슴에 그리스도의 십자가의 사랑이 있습니까? 여러분의 가슴에 영혼을 사랑하는 주님의 사랑이 있습니까? 여러분의 가슴에 '내 뜻대로 마옵시고 아버지의 뜻대로 하옵소서'라는 하나님의 뜻을 따르고자 하는 주님의 정신이 있습니까? 우리 이 시간 다같이 '주님의 마음을 주옵소서' 라고 기도합시다.

주님보다 엄격해지기는 얼마나 쉬운 일입니까? 그러나 주님보다 자비로워지기는 얼마나 어려운 일입니까? 남을 판단하기는 얼마나 쉬운 일입니까? 그러나 상한 마음을 싸매 주기는 얼마나 어려운 일입니까? 주님! 나에게 남을 사랑하고 이해하는 주님의 마음을 주옵소서. 상처를 싸매어 주는 자가 되게 하옵소서라고 기도합시다.

손에 돌을 든 사람의 눈에는 붉은 핏줄이 선명합니다. 그러나 떨며 홀로선 여인에게 "나도 너를 정죄하지 않겠노라"고 말씀하시는 주님의 음성은 생명의 소리였습니다. 벌거벗은 몸으로 홀로 선 여인은 주님을 만났습니다. 우리도 그 주님을 만난 자들입니다. 그렇다면 우리의 손에 들려진 돌을 내려놓고 기도합시다.

하나님은 우리를 사랑하십니다. 우리도 사랑해야 합니다. 우리는 모두를 사랑해야 합니다. 나의 사랑을 필요로 하는 사람들에게 사랑을 줄 수 있는 자가 되도록 기도합시다. 그리고 모든 사람을 누구라도 사랑할 수 있는 사람이 되도록 기도합시다.

내가 먼저 다른 사람에게 도움이 되어 주면 나에게 도움이 필요할 때 그들도 나를 찾아와 줍니다. 주님이 우리에게 먼저 찾아와 주신 것처럼 내가 먼저 이웃에게 사랑을 베풀 수 있도록 기도합시다.

사랑〈2〉

십자가의 고통과 죽음을 바라보면서 그것이 하늘 아버지의 뜻이라면 기꺼이 받아들이려는 예수 그리스도의 모습은 진정 종의 모습입니다. 오늘도 진정한 그리스도인은 주님이 요구하시는 어떠한 수고와 헌신도 마다하지 않습니다. 하나님의 뜻이라면 기꺼이 받아드리는 우리가 되기를 기도합시다.

이 시간 우리 주위를 돌아보는 기도를 드리십시다. 더불어 살지 못하고 베풀지 않으며 나만 살면 된다고 생각한 나를 용서해 달라고 기도합시다. 그리고 주님의 마음으로 이웃을 돌아보고 형제를 살피며, 강도 만난 자의 이웃이 되고, 주님 앞에 갈 수 없었던 중풍 병자를 주님께 인도한 네 친구와 같은 기관과 구역과 우리가 되도록 기도합시다.

믿음도 중요하지만 사랑은 더 중요합니다. 믿음도 시급한 것이지만 사랑은 더 시급한 것입니다. 믿음이 시작이라면 사랑은 최종적인 목표입니다. 그렇다면 하나님을 향한 여러분의 믿음은 어떤 것이며, 하나님을 향한 사랑은 어떤 것입니까? 하나님을 향한 믿음과 사랑 중에 어느 것이 더 크다고 생각하십니까? 더 중요한 사람에게 더 시급한 사랑을 구체적으로 나타내는 믿음이 되기를 기도합시다.

사랑할 수 없는 사람과는 절대로 더불어 살 수 없다고 탄식하는 바보가 있습니다. 그런 사람은 결코 이 세상에 존재할 수가 없습니다. 왜냐하면 세상에는 사랑할 수 없는 사람이란 없기 때문입니다. 문제는 다른 사람이 문제가 아니라 자기 자신이 문제입니다. 우리는 모든 사람을 조건 없이 사랑할 수 있는 자가 되기를 기도합시다.

사랑 〈3〉

예수님께서는 하나님을 믿는 우리들로 하여금 먼저 하나님을 사랑하고 둘째로 이웃을 네 몸과 같이 사랑하라고 하셨습니다. 여러분은 앞으로 이웃과 좋은 관계를 갖기 원하십니까? 그렇다면 몇 가지 원칙을 생각하고 기도하시기 바랍니다.

① 비난은 천천히 하고 칭찬을 빨리 하십시오.
② 드러내기는 천천히 하고 덮어 주기는 빨리 하십시오.
③ 받기는 천천히 하고 주기는 빨리 하십시오.
④ 방관은 천천히 하고 돕기는 빨리 하는 자가 되도록 기도합시다.

사랑을 하지 않는 것은 죄입니다. 사랑 받기를 거부하는 것도 죄입니다. 그리고 자기 마음대로 하려는 것도 죄입니다. 그리스도인은 예수 그리스도의 사랑을 시인하고 고백하고 전하는 자들입니다. 그들이 모인 곳이 교회입니다. 우리에게 필요한 것은 이웃을 향한 예수의 사랑입니다. 모든 사람을 사랑하는 자가 되고 모든 사람들의 사랑을 받아들이는 자가 되고 그리고 주님의 사랑을 전하는 자가 되기를 기도합시다.

사랑이란 서로에게 관심을 갖는 것입니다. 사랑이란 서로 맡은 바 책임을 다 하는 것입니다. 사랑이란 서로 존중하는 것입니다. 사랑이란 서로 이해하는 것입니다. 사랑이란 서로 주는 것입니다. 어쩌면 우리는 너무 이기적인 모습은 아닙니까? 사랑한다고 하지만 너무 조건적이고, 감정적인 사랑은 아닙니까? 이 시간 나에게도 서로에게 관심을 가지고, 서로를 존중하며, 서로를 이해하고, 서로에게 주며 살 수 있는 믿음을 달라고 기도합시다.

사모함〈1〉

　하나님을 갈망하는 자들은 갈급한 기도, 회개의 기도, 중보의 기도, 의지하는 기도, 흠모의 기도, 자기를 비우는 기도, 헌신의 기도를 하게 됩니다. 이러한 자들은 자기의 삶 속에 머무시는 하나님의 임재하심에 굶주려 있기 때문입니다. 이 시간 나에게 하나님을 그리워하며 갈망하는 믿음과 주님의 임재하심을 흠모하는 믿음과 헌신의 사람이 되기를 기도합시다. 그리고 나를 비울 수 있는 사람이 되기를 기도합시다.

　성경에는 하나님께 기도한 자들이 많이 나옵니다. 그 중에서도 하나님의 영광을 보고자 기도한 모세와 하나님의 임재를 향한 다윗의 뜨거운 갈망과 밧세바에게 범죄하기 전 주님과 함께 있던 자리로 돌아가고 싶었던 그의 애끓는 탄원을 나에게 주시기를 기도합시다.

　하나님은 형식적인 기도를 싫어하십니다. 저와 여러분이 하나님께 드리는 기도는 어떤 기도입니까? 뜨거운 기도와 갈망에 하나님의 마음이 끌리고 계실까요? 하나님을 향한 열망이 그분을 그냥 계실 수 없게 하는 기도를 드립니까? 형식적인 기도가 아닌 열정적인 기도와 은혜를 갈망하는 기도와 하나님의 사랑을 흠모하는 믿음을 달라고 기도합시다.

사모함〈2〉

기도 없는 삶을 상상해 보십시오. 기도하지 않는 사람은 하나님을 갈망하는 사람이 아닙니다. 하나님을 갈망하는 사람은 기도하게 되어 있습니다. 성경은 "하나님께 나아가는 자는 반드시 그가 계신 것과 또한 자기를 찾는 자들에게 상주시는 이심을 믿어야 할지니라"고 했습니다. 그분의 임재를 상으로 받고 싶다면 믿음으로 그분을 부지런히 찾아야 합니다. 이 시간 나에게 주님을 갈망하는 기도의 사람이 되기를 기도합시다.

성경을 보면 많은 믿음의 사람들은 하나님과 대화를 나누셨습니다. 그리고 성경 첫 장부터 마지막 장까지 하나님은 우리에게 실제로 말씀하시고 계십니다. 그러나 우리는 얼마나 하나님의 음성을 듣습니까? 말씀 속에서, 찬양 속에서, 기도 속에서, 봉사와 헌신을 통해서 하나님의 음성 듣기를 소원합시다.

모세는 바로를 물리쳤고 홍해를 건넜으며 아말렉도 물리친 사람입니다. 그러면서도 그는 그 이상의 것을 하나님께 원했습니다. 그것은 하나님과의 친밀한 관계였습니다. "하나님을 가까이 하라 그리하면 나도 너희를 가까이 하시리라"고 하셨고, "나를 간절히 찾는 자가 나를 만날 것이라"고 했습니다. 우리들도 모세와 같이 하나님과 더욱 친밀하기를 기도합시다.

하나님은 갈급한 죄인들과 성도들의 열정적인 기도를 듣고 응답하시지만 중언부언하는 기도는 응답하시지 않습니다. 여러분의 기도는 시간을 때우는 기도입니까? 아니면 뜨거운 갈망으로 하나님의 마음이 끌리는 기도입니까? 이 시간 나의 열망이 하나님을 가만두지 않는 갈급한 기도와 열정적인 기도가 되기를 기도합시다.

새 출발

높은 산에 오르는 것도 첫걸음부터 시작됩니다. 이제부터 믿음의 끈을 제대로 매고 새롭게 출발하기를 기도합시다. 그리고 참된 믿음의 삶을 살기 위해 믿음의 첫 걸음을 바르게 걷기를 기도합시다.

모세의 출애굽과 예수님의 출애굽은 역사적으로나 신앙적으로나 중요한 의미가 있습니다. 신앙적으로 볼 때 애굽을 하나의 인간의 저속한 사회라든지, 또는 마음 바탕으로 말한다면 인간은 거기에 무작정 머물러 있어서는 안됩니다. 우리의 낡은 생활 법칙에 얽매어 사는 모든 것을 툭툭 털어 버리고 일어남으로 새로운 인생으로서의 출애굽의 삶을 살아가기를 기도합시다.

새가 가장 아름답게 보일 때는 하늘을 날 때도 아니고 울 때도 아닙니다. 새가 날려고 깃을 펼 때 그 때가 가장 아름답다고 합니다. 우리의 삶에 있어서도 무엇이든지 새 출발하려고 긴장 할 때가 가장 아름다운 법입니다. '쟁기를 잡고 뒤를 돌아본 자는 하나님 나라에 합당치 않다'고 말씀하신 주님의 말씀을 기억하면서 참된 신앙을 위한 새출발과 목표를 향하여 달음질하는 믿음이 되기를 기도합시다.

시작이 반이라는 말이 있습니다. 우리 인생에 있어서도 시작처럼 중요한 것이 없습니다. 올바른 출발은 올바른 결과에 도달하고 그릇된 출발은 그릇된 결과에 도달합니다. 좋은 꿈을 가지고 희망의 새출발을 할 수 있는 우리가 되기를 기도합시다.

올바른 목적을 위해 꾸준히 노력하는 사람만이 보람과 기쁨을 느낄 수가 있습니다. 우리는 매일 새벽을 깨워서 새로운 시작을 하는 사람들입니다. 여러분은 하루하루를 어떻게 시작하고 계십니까? 하나님의 말씀에 붙들린 삶의 시작이 되기를 기도합시다.

섬김

예수 그리스도는 종이 되셨기에 왕이 되셨습니다. 죄짐을 지고 가는 어린양이 되셨기에 구세주가 되셨습니다. 인간이 되셨기에 하나님이 되셨습니다. 심판을 받으셨기에 심판자가 되셨습니다. 예수 그리스도는 이 일을 위하여 하늘 보좌를 버리고 이 땅에 오셨습니다. 이 시간 나에게도 섬기는 정신, 남의 짐을 지는 자, 낮은 자리에 내려가는 자가 되기를 기도합시다.

우리가 주님을 만나 주안에서 하나 되고 주님을 땅 끝까지 전하게 하소서. 사람들 속에서 내가 드러나지 않고 주님만을 나타내며 더욱 섬기는 삶을 살게 하소서라고 기도합시다.

착하기만 하면 다 되는 것은 아닙니다. 착한 자 중에는 무능한 자가 있습니다. 충성만 한다고 다 되는 것도 아닙니다. 충성한 자 중에는 악한 자도 있습니다. 천사 같은 사람에게도 미운 사람이 있고 악마 같은 사람에게도 선한 사람이 있습니다. 우리는 무슨 일에든지 자만도 하지 말고 낙심도 하지 말고 주님의 마음으로 섬기는 자가 되기를 기도합시다.

섬긴다는 말은 단순히 남에게 봉사하고 남을 위해준다는 것만을 의미하지는 않습니다. 진정으로 다른 사람을 도와준다는 것을 의미합니다. 아무리 남에게 봉사하고 사랑을 베푼다 할지라도 상대방을 사랑으로 받들지 아니하면 섬긴다고 할 수 없습니다. 우리가 상대방의 인격을 존중하며 섬기는 마음이 있습니까? 섬기러 오신 주님의 정신을 가지고 이웃을 위하여 섬기는 자들이 되기를 기도합시다.

섬긴다는 것은 하나님께 갖는 사람의 태도를 의미합니다. 그런데 예수님은 섬김의 대상이 하나님만이 아니고 사람이었습니다. 그 가운데서도 사람대접을 받지 못한 저 밑바닥의 사람들이었습니다. 우리가 주를 섬김이 사람을 섬기지 않고는 하나님을 섬긴다는 것은 모순된 것입니다. 우리의 섬김의 정신이 낮은 자를 위한 정신과 하나님을 섬김이 일치되기를 기도합시다.

성공

성공하는 사람들의 공통점은 ① 사람을 사랑한 자들입니다. ② 가정을 사랑한 자들입니다. ③ 교회를 사랑한 자들입니다. ④ 일을 사랑한 자들입니다. 여러분은 사람과 가정과 교회와 일을 얼마나 사랑하십니까? 우리도 성공적인 사람들이 가졌던 4가지 정신을 가지고 살아가기를 소망하며 기도합시다.

성공한 사람들의 특징은 마음 속에 성공적인 그림을 그리고 살아가는 사람입니다. 그리고 자신이 만든 생각 속에 장애물을 쌓지 않는 사람입니다. 그리고 나는 할 수 있다고 외치는 사람입니다. 성공을 원하십니까? 먼저 자신 속에 성공한 그림을 그리십시오. 믿음은 바라는 것들의 실상이라고 했습니다. 현재 자기의 모습이 아니라 내일의 청사진을 가지고 기도하시기 바랍니다.

하나님께서는 그의 종들에게 성공을 주실 때에 언제나 그들의 행함이 있는 믿음에만 주셨습니다. 그러나 우리의 믿음이 행함이 없이 홀로 있다면 그 믿음은 결코 하나님이 받으실 믿음이 아닙니다. '심는 대로 거두리라'는 주님의 말씀처럼 주님의 말씀을 온전히 따르는 믿음의 과감한 자기 투자를 아끼지 않는 자들이 되기를 기도합시다.

신앙생활에 있어서 성공의 비결은 예수 그리스도가 우리와 함께 하신다는 것을 확신하는데 있습니다. 주님의 인도 아래, 주님을 위하여, 주님과 함께 살아갈 때 '내가 세상 끝 날까지 너희와 함께 있겠다'는 교제 의식을 가지고 살아가기를 기도합시다.

예수 그리스도는 우리에게 성공을 중히 여기지 말라고 말씀하시지도 않았고 또한 우리가 성공을 기뻐하는 것을 금하지도 않으십니다. 다만 주님은 우리의 성공을 우리 자신의 노력이나 경험이 낳은 결과인 것처럼 기뻐하지는 말라고 하십니다. 그러므로 우리가 실패할 때보다 성공할 때가 더욱 위험한 것임을 알 수 있습니다. 우리는 모든 것이 주께로부터 온 것임을 알고 얻을 때마다 하나님께 영광 돌리는 믿음의 사람이 되기를 기도합시다.

성결

우리는 마음속에 주님보다 더 큰 것을 너무나 많이 가지고 있습니다. 하찮은 계획과 생각 속에 작은 울타리를 쳐놓고 우리의 욕심과 필요만을 고집하면서 갈팡질팡하고 있습니다. 이 시간 나를 비우고 나를 향하신 진정한 주님의 뜻을 깨닫게 하옵소서 라고 기도합시다.

생각 없이 툭 튀어나온 말이 상대방에게 상처를 줄 때도 있습니다.

그리고 원하지 않는 생각이 우리를 끌고 다닐 때도 있습니다. 아무래도 우리 안에는 누군가가 있는 것 같습니다. 아직도 싸워야 할 누군가가 우리 안에 있는 것 같습니다. 바울은 자기 안에 있는 누군가를 육의 법과 성령의 법이라고 했습니다. 신앙의 성숙이란 육의 법을 따르지 않고 성령의 법을 따르는 것입니다. 이 시간 우리에게 이김을 주시는 예수 그리스도가 우리의 마음을 다스려 주시기를 기도합시다. 그리고 주님의 다스림을 받는 자들이 되기를 기도합시다.

우리의 마음에 예수 그리스도의 마음을 담아 예수 그리스도의 품성을 닮기를 기도합시다. 우리의 마음의 그릇에 따라 성격도 표현도 생활 방식도 달라지는 만큼 우리의 마음이 예수 그리스도의 품성을 닮기를 기도합시다.

날마다 청소하고 쓰레기를 버리듯이 날마다 욕심을 버리고 거짓을 버리고 의심을 버리고 비난을 버리고 미움을 버리고 시기를 버리고 질투를 버리고 교만을 버리고 날마다 기도하며 주님의 거룩하심을 닮아가기를 기도합시다.

유부녀와 간통한 자요, 자기에게 죽도록 충성한 신하를 죽인 살인자가 시편을 기록했고, 역사상 하나님을 좇는 가장 위대한 예배자가 되었고, 한 손으로 골리앗을 물리치고 이스라엘 최고의 성군이 된 사람이 다윗입니다. 그런데 어떻게 여자를 좇던 자가 하나님을 좇는자로 회복될 수 있었을까요? 그것은 바로 참회의 기도입니다. 저와 여러분도 다윗보다 나을 것이 무엇입니까? 참회와 눈물로 주님을 섬김으로 이 시대에 주께 귀하게 쓰임을 받는 자들이 되기를 소원하며 기도합시다.

성령 〈1〉

우리는 하나님의 뜻을 모르고 있었으나 예수님은 우리에게 하나님의 뜻을 나타내 보여 주셨습니다. 우리는 하나님의 마음을 알지 못하였지만 예수님은 우리에게 하나님의 마음을 보이셨습니다. 주님은 우리의 죄악으로 인하여서 우리를 위하여 피를 흘리셨고 우리 때문에 자기의 생명을 주셨습니다. 우리가 주님으로 인하여 하나님의 뜻을 깨닫게 되었고 주님이 보여주심으로 하나님의 마음을 알게 되었습니다. 우리의 눈을 열어 신령한 의를 깨달을 수 있는 믿음 주시기를 기도합시다.

성령의 계시가 없으면 하나님을 알 수도 없고 느낄 수도 없습니다. 성령의 계시로 하나님을 알게 되었으니 성령의 뜻을 따라 살아갑시다. 아버지의 계시가 없이는 독생자 예수님을 믿을 수 없습니다. 아버지의 뜻 안에서 예수 그리스도를 만나게 되었으니 아버지의 뜻만 따르기를 소망하며 기도합시다.

성령의 불길은 미지근한 심령을 뜨겁게 하시는 불길이십니다. 성령의 단비는 굳게 메마른 심령을 촉촉한 은혜의 단비로 축이시는 단비입니다. 성령은 참이 없는 심령에 참되게 살게 하는 진리이십니다. 이 시간 나에게 뜨거움을, 은혜의 충만함을, 하나님 말씀에 합당하게 살아가는 삶을 주시기를 기도합시다.

비둘기 같은 성령이여 소생케 하는 당신의 권능으로 우리 심령에 오소서. 얼음장처럼 차가운 우리 심령에 거룩한 사랑의 불꽃을 피워 주옵소서 라고 기도합시다.

예수 그리스도를 믿는 성도라고 하면서도 세상과 짝지어 어울리기를 좋아하는 사람들이 있습니다. 그들은 자신도 모르게 죄에 빠지게 되고 허덕이며 살게 되는 것입니다. 그 이유는 죄를 알지 못해서 죄를 짓는 것이 아니라 죄를 이길 수 있는 힘과 능력이 없기 때문입니다. 이처럼 성령의 인도를 받지 못하고 능력과 권능이 없이 살아간다면 이런 사람은 기쁨도 없고 감사도 없고 평안도 없이 살아가는 삶입니다. 그러므로 그리스도인은 성령의 충만을 받아야 합니다. 우리 모두 성령으로 충만하기를 시도합시다.

성령〈2〉

기도를 해야 하는데도 몸과 마음이 따라 주지 않을 때도 있습니다. 한 번 빠지고, 두 번 빠진다고 대단한 일이라도 생기겠는가? 라는 생각을 합니다. 그러나 억지로라도 기도해야 합니다. 내가 생각지 못했던 것을 아시는 성령께서 기도하라고 하시니 말입니다. 내가 아뢰지 못한 것 까지도 아시는 성령께서 기도하라고 하시기 때문입니다. 이 시간 기도하라고 하시는 성령의 음성을 들으십시다. 그리고 내 대신 기도하신 성령의 음성을 듣는 시간이 되기를 기도합시다.

우리가 성령 충만할 때 예수 그리스도로 인하여 충만해지게 됩니다. 따라서 우리가 성령 충만함을 받을 때 우리의 삶은 우리의 힘과는 비교할 수 없는 큰 능력이 우리 안에서 넘쳐나 승리와 열매를 맺는 삶으로 이어집니다. 이 시간 우리 모두 성령으로 충만하기를 기도합시다.

우리들의 마음은 시시각각으로 변할 때가 많이 있습니다. 기쁨과 슬픔 사이를 오고 가기 때문에 우리가 주의 할 것은 그리스도인이라고 해서 결코 모든 면에 실수가 없는 완전한 사람이 아니라는 것입니다. 나약했던 베드로, 주님을 모른다고 부인했던 베드로가 성령의 충만함을 받아 예수 그리스도의 이름을 마음껏 증거했던 것처럼 우리도 성령의 도우심과 성령의 인도하심 속에서 하루 하루를 살아갑시다. 내 감정, 내 생각대로가 아니라 성령의 인도함을 받고 살아가기를 기도합시다.

여러분이 예전만큼 하나님과 가깝지 않다고 느껴진다면 스스로에게 물어보십시오. 이유가 있을 것입니다. 반대로 예전같이 하나님을 가까이 느끼고 살아간다면 "누가 그렇게 만들었는지" 스스로에게 물어보십시오. 하나님이 나와 가까이 하시는 것을 느끼고 싶다면 기도하십시오. 성령에 이끌리는 삶이 되도록 기도하십시오.

이 시대는 부흥을 절실히 요구합니다. 그러나 부흥은 우리에게서 시작되어야 합니다. 성령의 감동을 입은 열정의 사람들만이 감히 하나님의 불길을 운반할 수 있습니다. 이 시간 그 불길을 나에게 주옵소서 라고 기도합시다.

성실

우리는 어리석은 부자와 같이 매일 무엇을 마실까 무엇을 입을까 염려하면서 심령의 굶주림과 영혼의 갈증을 채우지 아니하며 영혼을 단장치 못하고 살아가고 있지 않습니까? 이 시간 기도하실 때 은혜를 사모하는 자들이 되도록 기도합시다. 우리의 행실을 바로 가짐으로서 의의 예복이 더러워지지 않도록 기도합시다.

성실이라는 말을 모르는 사람은 없습니다. 그러나 그 말을 제대로 이해하는 자가 몇 사람이나 될까요? '성실'이란 철저하게 준수하라는 뜻입니다. 이 시대는 '양의 탈을 쓴 이리'가 난무하는 시대입니다. '나무는 그 열매를 보아서 안다'라고 했는데 우리는 진정한 그리스도인으로서, 성실한 사람으로서 참 믿음을 보여주고 살아가는 자들이 되기를 기도합시다.

'양을 그려 놓고 눈동자를 안 찍었다'는 말이 있습니다. 99%까지 전력을 다해 그린 양이라 하더라도 마지막으로 눈동자의 점을 찍지 않으면 전체가 죽어버리는 것입니다. 그렇듯이 무슨 일이든지 시작하는 것도 중요하지만 끝맺음은 더욱 중요합니다. 우리의 신앙이 용두사미가 되지 말고 주님께서 내게 맡겨주신 귀한 직분을 충성되게 감당하는 자들이 되기를 기도합시다.

히브리말로 '성실'을 'tamim'<타밈>이라고 합니다. 이것이 복수가 되면 '투임'이 되면서 '진리'라는 말이 됩니다. 그것은 성실해야 진리를 안다는 말인 줄로 압니다. 예나 지금이나 사람이 사는 사회에는 거짓이 많습니다. 이 시대에 가장 중요한 것은 성실입니다. 성실은 사람들도 원하는 것이지만 특별히 하나님께서 원하시는 것입니다. 나에게도 성실한 삶과 믿음을 주시기를 기도합시다.

성장

뜰이나 정원에 흙을 파고 꽃이나 나무를 심어 보십시오. 그 묘목이 일년 뒤, 아니 백년 뒤에는 어떤 모습으로 변화 될까요? 만물의 주인이신 하나님께서 여러분을 어떻게 양육한다고 생각하십니까? 우리의 믿음의 나무가, 어린 아이들의 묘목의 크기가, 우리가 돌보는 새 식구들이 바르게 자라고 하나님의 은혜로 살아가기를 기도합시다.

싹은 작은 가지에서 시작되며, 이삭은 곡식이 형성되는 근거이고, 충실한 곡식은 씨로서 우리에게 왔던 것을 재생산한 것입니다. 우리가 예수 그리스도와 같이 되려고 노력하는 것은 그리스도께서 주신 생각입니다. 그렇다면 나의 믿음의 모습도 한층 키가 자라서 주님의 인격과 주님의 마음을 드러내 보이는 믿음이 되기를 기도합시다.

우리가 주를 믿으면서 좋은 성경 구절 하나만 거듭 기억하고 산다면 우리는 그리스도인으로서 항상 성장할 수 있습니다. 여러분의 마음속에 하나님의 말씀이 얼마나 뿌리를 내리고 있습니까? '말씀은 능력'이라고 했는데 우리 모두 하나님의 말씀에 지배 받는 신앙, 말씀을 좇아 살아가는 신앙, 아는 만큼 성숙한 신앙이 되기를 기도합시다.

생명은 신비입니다. 성장하는 것도 신비입니다. 곡식이 익는 것도 신비입니다. 우리의 인식의 범위를 넘어선 것은 우리의 능력 범위를 넘어선 것입니다. 신비스러운 하나님의 손길이 우리의 삶 가운데 역사함이 없이 우리가 어떻게 살아갈 수 있겠습니까? 하나님의 신비한 은혜와 손길 안에서 더욱 성숙한 삶을 소원하며 살아가기를 기도합시다.

우리들의 가장 귀중한 영혼의 성장은 그리스도와 같이 살아가는데 있으며 최후의 목적은 우리의 영혼이 하나님 나라에 부르심을 받는 일입니다. 최후의 그 날을 위하여, 영원한 내일을 위하여, 더욱 힘써서 믿음을 지켜서 주님과 더불어 살아가기를 소원하며 기도합시다.

그리스도인의 믿음의 삶은 날마다 성장해야 합니다. 예수 그리스도를 영접하고 그리스도인이 되었다는 사실에서 끝나면 안됩니다. 날마다 말씀과 찬양과 기도 속에서 믿음이 성장하고 자라서 열매를 맺어야 생명력이 있습니다. 예수 안에서 믿음이 자라지 않는다면 그 사람은 예수 그리스도로부터 점점 멀어지고 있는 것입니다. 우리는 예수 그리스도의 충만하신 데까지 자라나야 합니다. 이 시간 우리의 믿음이 더욱 성숙하기를 기도합시다.

소망〈1〉

밤이 오는 것을 두려워 마십시오. 밤이 가면 낮도 옵니다. 낮이 오는 것을 즐거워 마십시오. 낮은 잠깐이요 밤은 다시 옵니다. 하루가 가고 하루가 올 때 우리의 발걸음이 한발 더 주님께로 나아가는 것을 감사하면서 나에게 더욱 밝은 내일이 오기를 기도합시다.

태양이 구름에 가리면 빛을 잠시 볼 수는 없으나, 태양이 없는 것이 아닙니다. 주님은 우리에게 보이지 않지만 주님은 우리와 함께 하셔서 우리를 도우시는 분이십니다. 어제는 환난이 있었으나, 내일은 안식을 누릴 것입니다. 그 날을 바라보면서 믿음을 지키며 감사하며 살아가도록 기도합시다.

우리가 하나님을 믿는 것은 하나님을 향한 소망이 있기 때문입니다. 우리가 하나님의 말씀에 감동하는 것은 하나님의 진실을 믿기 때문입니다. 비록 우리가 바라는 것이 쉬 이루어지지 않을지라도 하나님에 대한 우리의 사랑은 변함없기를 기도합시다.

예수 그리스도가 우리의 희망입니다. 삶에서 희망을 잃지 않고 남에게도 희망을 주는 삶을 살게 하소라고 기도합시다.

여러분의 소망은 무엇입니까? 이 시간 우리 기도할 때 "주여! 나로 하여금 하나님을 더 알게 하고 하나님을 닮아 가고 그리고 이웃에게 번져가서 하나님과 함께 웃고 이웃과 함께 웃는 자들이 되기를 기도합시다.

할 수 없다고 생각하는 사람은 자기 인식의 노예요, 할 수 있다고 말하는 사람의 시도는 마침내 입술의 열매를 거둘 것입니다. 이 시간 우리의 입술이 할 수 있다는 입술이 되도록 기도합시다.

소망〈2〉

　흐린 날이 있으면 개인 날도 있어 흐린 날로 인해 개인 날은 더욱 맑을 것입니다. 구름이 태양을 가리운 다고 하여도 태양이 없어지는 것은 아닙니다. 구름이 걷히고 맑고 따스한 태양을 볼 수 있을 것입니다. 그렇듯이 우리가 당면한 어려움만 생각하지 말고 더 좋은 날을 소망합시다. 어려움 속에서도 여전히 하나님은 우리와 함께 하실 것을 믿고 기쁨으로 하나님을 섬기는 자들이 되기를 기도합시다.

　기도하는 것은 하나님 앞에 몸과 마음 전부를 드리는 것입니다. 내일에 관하여 소망이 없다는 것은 오늘의 삶에 용기와 자신이 없다는 것입니다. 우리는 내일을 위한 확신 속에 누가 물어도 [나는 이렇게 살고 있습니다]라고 대답할 수 있는 소망과 헌신에 찬 삶이 되기를 기도합시다.

　갈 길이 멀다고 탄식하지 마십시오. 우리는 어차피 영원을 향한 인생이기에 오늘도 함께 하시는 주님! 나 주님만 따라가리라는 신앙으로 살아가도록 기도합시다. 그리고 오늘의 아픔 때문에 낙심하지 마십시오. 우리가 아픔을 느낄 수 있다는 것은 살아 있다는 증거요 우리의 믿음이 살아 있기만 하면 그 어떤 아픔도 이길 수 있으니 '네 믿음이 너를 구원하였느니라'는 주님의 말씀처럼 나에게도 이 믿음 주시기를 기도합시다.

예수 그리스도는 우리의 희망입니다. [삶 속에서 희망을 잃지 않고 남에게도 희망을 주는 삶을 살게 하소서]라고 기도합시다. 예수 그리스도는 우리의 희망이요 능력이십니다. 주님의 말씀으로 우리의 마음과 생각의 모든 것들이 변화되기를 기도합시다.

우리는 기도함으로 예수 그리스도가 우리의 희망인 것을 믿으며 미래를 향하여 도전하여 나갈 수 있는 믿음을 갖게 됩니다. 희망을 가진 사람은 가슴에 불덩어리와 같은 뜨거운 열정을 가지고 아무런 두려움 없이 전진하게 됩니다. 이 시간 우리의 가슴에 희망의 불덩어리를 가지고 살아가기를 기도합시다.

삶의 순간마다 수많은 감정의 변화들이 일어나지만 기쁨을 만들어 갈 수 있는 마음의 여유를 갖게 해 달라고 기도합시다. 삶이란 마음먹기에 따라 변화되는 것으로서 가슴에 뜨거운 희망을 갖고 위대한 꿈을 이루어 가는 자가 되게 해달라고 기도합시다.

소원

주님은 우리의 기도를 들으십니다. 지금은 안 보이고 안 들려도 주님은 우리의 기도를 들으십니다. 주님은 우리의 소원을 이루십니다. 지금은 안 보이고 안 들려도 멀지 않은 그 날에 주님은 반드시 이룰 줄 믿습니다. 그 날을 바라는 믿음과 인내하는 믿음 주시기를 기도합시다.

능력 주시기를 기도합시다. "무엇이든지 해 낼 수 있는 건강을 주옵소서. 교회를 세울 수 있는 지혜와 능력을 주옵소서. 많은 사람을 사로잡을 수 있는 매력을 주옵소서. 그리고 모든 것을 할 수 있는 재능을 주옵소서"라고 기도합시다.

하나님은 언제든지 쉬지 않고 말씀하시므로 그 말씀이 계시로 우리에게 임하십니다. 때로는 꿈으로, 환상으로 그리고 선포되는 말씀으로 기록된 말씀으로 사람과 사건을 통하여! 여인이 잉태하듯 우리의 가슴에 하나님의 소원과 뜻을 품고 살아가도록 기도합시다.

하나님은 사람의 마음에 절실한 소원을 두고 당신의 일을 행하게 하신다고 하셨습니다. 우리는 내 마음에 생명을 투자하여 이루고 싶은 간절한 소망은 무엇입니까? 이 시간 그 소원을 가지고 기도합시다.

삶의 순간마다 수많은 감정의 변화들이 일어나지만 기쁨을 만들어 갈 수 있는 마음의 여유를 갖게 해 달라고 기도합시다. 삶이란 마음먹기에 따라 변화되는 것으로서 가슴에 뜨거운 희망을 갖고 위대한 꿈을 이루어 가는 자가 되게 해달라고 기도합시다.

하나님이 가장 바라시는 기도는 무엇일까요? 자아를 벗고 우리의 욕망과 욕심의 끝없는 바람을 벗어나서 진실하게 하나님을 사랑하고 흠모하는 기도일 것입니다. 그 분의 손보다 얼굴을 구해야 합니다.

그리고 복보다 복을 주시는 하나님을 사랑하는 기도인 것입니다. 우리에게 하나님을 사랑하고 흠모하는 믿음과 하나님의 얼굴을 구하는 기도를 드립시다.

소유

우리는 주님의 것입니다. 모습은 서로 달라도, 우리가 어떠한 형편에 처해도 우리는 주님의 것입니다. 우리가 무엇을 가졌어도, 우리가 무슨 일을 하든지 우리는 주님의 것입니다. 주님! 이 시간 주님의 것인 우리들을 주님의 뜻대로 사용하여 주옵소서라고 기도합시다.

수용

구원이란 무엇입니까? 구원이란 불완전한 그대로를 받아주는 것입니다. 예수님의 십자가는 인간의 불완전함을 그대로 받아들여진 것입니다. 그리스도인 된 사람의 가치관은 근본적으로 달라진 자입니다. 십자가 정신이 그리스도인들의 가치관입니다. 나는 남의 불완전함을 얼마나 받아들입니까? 나에게 주님의 정신으로 이웃을 수용하는 관대한 마음 주시기를 기도합시다.

옛 말에 하해불택세류(河海不擇細流)라는 말이 있습니다. 이 말은 '바다나 큰 강은 작은 시냇물을 가리지 않는다'는 말입니다. 바다 같이 넓은 물에 실개천이 더러우면 어떻고, 도랑물이 깨끗하면 어떻고, 작은 냇물이면 어떻고 큰 냇물이면 어떻습니까? 다 흡수하고 정화하여 바다를 이루는 것처럼 우리의 마음도 좀 더 넓은 마음의 소유자가 되기를 기도합시다.

우리가 이 세상에 아이로 태어났을 때는 받아들이는 존재였습니다. 그 후 몇 달 동안 하는 일이라곤 받아들이는 일 뿐입니다. 엄마의 젖, 옷, 온기 등을 받아들입니다. 그렇듯이 우리가 다른 사람의 충고를 받아들인다면 그 사람은 지혜로운 사람입니다. 이런 것을 거부하는 것은 자신의 운명을 거부하는 것입니다. 누가 나에게 충고를 해도 미소를 잃지 않고 잘 받아들이는 사람이 되기를 기도합시다.

다른 사람을 수용하는 자세가 이해입니다. 그리고 잘못을 수용하는 것은 용서입니다. 그리고 하나님의 은총을 수용하는 것은 신앙입니다. 거부는 사랑을 쫓아내고 수용은 사랑을 두텁게 합니다. 앞서간 믿음의 사람들은 이 세 가지를 수용하는 사람들이었습니다. 나에게도 이해와 용서와 믿음의 사람으로서의 수용하는 사람이 되기를 기도 합시다.

순종

　예수 그리스도는 성도들의 신랑입니다. 그런데 신랑 되신 예수 그리스도는 신부 되신 교회를 위하여 목숨까지 버리셨습니다. 신부 되는 성도의 행복은 신랑 되신 예수님을 절대로 믿고 순종하는데 있다는 것이 복음의 골자입니다. 신랑 되신 예수님을 변함 없이 사랑하는 믿음과 신랑 되신 예수님께 순종하는 믿음 주시기를 기도합시다.

　여러분은 예수 그리스도를 신뢰하기를 원합니까? 그리고 그분의 명령을 따르기를 원합니까? 성령의 능력과 인도 안에서 살아가기를 원합니까? 그렇다면 성경적인 방법을 따르라고 말하고 싶습니다. 우리 모두 말씀을 통한 하나님의 뜻을 깨닫게 하시고 순종하는 믿음을 주옵소서 라고 기도합시다.

　예수 그리스도는 그와 함께 한 사람들에게 자기의 뜻에 순종할 것을 요구하셨습니다. 그들이 세상 적으로 뛰어나게 명석해야 한다는 조건도 없습니다. 다만 주님 뜻에 순종하기만 하면 됩니다. 이러한 자들을 가리켜 [예수님의 제자]라고 합니다. 그리고 예수 그리스도를 믿고 따르는 사람은 누구나 그 분의 인격을 닮고야 마는 것입니다. 여러분은 주님의 제자입니까? 그리고 주님의 인격을 닮았습니까? 나의 삶이 주님의 뜻에 온전히 순종하는 삶이 되기를 기도합시다.

성숙한 그리스도인은 기쁨 속에서 도움을 주며 사는 사람입니다. 성숙한 그리스도인의 삶은 믿지 않는 사람들에게 지속적인 영향을 끼치며 사는 사람입니다. 우리가 성숙한 그리스도인이 되기 위해서는 우리의 삶을 하나님의 뜻에 복종시키는 훈련을 해야 합니다. 이 시간 기도하실 때 나의 의지와 사상이 주님의 뜻을 온전히 따르는 성숙한 사람이 되도록 기도합시다.

가치가 있는 기도는 정직한 기도뿐입니다. 그리고 기꺼이 순종하려 하지 않는다면 정직한 기도를 드리기가 어렵습니다. 순종은 대부분의 현대 그리스도인들의 입맛에 맞지 않습니다. 우리는 누군가 우리의 자유를 제한하는 것을 싫어하기 때문입니다. 그러나 헌신된 그리스도인에게는 순종이 요구됩니다. 예수님께서는 "너희가 나의 명하는 대로 행하면 곧 나의 친구"라고 말씀하셨습니다. 예수 그리스도가 여러분의 친구가 되시기를 원하십니까? 그렇다면 여러분이 먼저 주님의 뜻에 무조건 순종하기를 기도하시기 바랍니다.

성경은 우리가 믿음을 가지고 실천해야 할 말씀이요, 그리고 우리가 그 말씀대로 살 때에 그 다음을 책임져 주시는 말씀입니다. 주님께서 베드로에게 '오른 편에 그물을 던지라'고 하셨을 때 베드로가 순종함으로서 장정 일곱 사람이 그물을 끌어올릴 수 없을 만큼의 고기를 잡았습니다. 그물은 내가 던지지만 그 그물에 고기를 모으시는 분은 예수 그리스도이십니다. 우리의 믿음이 하나님의 말씀에 온전히 순종하는 믿음이 되기를 기도합시다.

습관

예수 그리스도를 구주로 영접하고 하나님을 섬기는 신앙으로 십수년을 살아왔다면 나의 성격이나 나의 인격에 성스러움이 있어야 당연한 것이 아닐까요? 과연 나의 말씨나 생활의 습성은 과연 어떻습니까? 나의 기도생활은 어떻습니까? 이대로가 좋습니까? 아니면 더욱 주님 닮기를 원하십니까? 나의 가장 약점은 무엇입니까? 그 부분을 하나님 앞에 아뢰고 변화와 주님 닮기를 기도합시다.

나쁜 버릇은 훌륭한 인품을 만드는데 방해요소입니다. 그러므로 사람들이 좋아하지 않는 짓을 하는 것은 언제든지 주의하고 자기도 이와 같은 짓을 하지 않는지 번성하지 않으면 안됩니다. 그리고 만일 여러분이 그런 짓을 하고 있다면 여러분 자신의 인품을 개선하기 위하여 하루 속히 손을 씻도록 기도합시다.

지금 마음에 그리는 우리의 모습은 우리의 과거에만 관련되어 있습니다. 만일 마음을 기울여 우리 자신의 새로운 영상을 만들어 내려 하지 않는 한 우리는 단순히 오늘의 일과 어제의 일을 내일도 되풀이할 따름입니다. 이 시간 내일의 우리의 모습을 영상화 해봅시다. 그리고 좋은 습관이 내일의 우리의 모습이 되기를 기도합시다.

사람은 누구나 격돌하지 않고는 죄에서 떠날 수가 없습니다. 개개인은 자신의 성품에 깊이 고통을 주지 않고서는 나쁜 버릇을 근절시킬 수가 없는 것입니다. 나쁜 습성은 은혜와 대항해서 싸우는 것입니다. 그것은 육체로 하여금 성령을 거스려 싸우게 합니다. 우리의 마음에 원하는 바 선은 행치 않고 원치 않는 바 악을 행하는 바울의 심정을 우리는 가지고 있습니다. 그런데 자기와의 싸움에서 승리자가 되려면 자기 힘으로는 되지 않습니다. 우리에게 이김을 주시는 주님의 도움을 구하여 항상 이기는 자가 되기를 기도합시다.

우리의 육체가 건강을 위해 규칙적인 습관을 필요로 한 것처럼 우리의 마음도 건강을 위해 규칙적인 생활 습관을 필요로 합니다. 예수님은 세상에 계실 때에 "습관을 좇아 감람산에 가시매 제자들도 좇았더라"(눅 22:39)고 하셨는데 우리들도 기도하기를 습관을 좇아 행하신 주님의 뒤를 따르는 자들이 되기를 기도합시다.

승리

예수님의 이름에 기쁨이 있으니 우리가 예수님의 이름을 높이 부름으로 샘솟는 기쁨을 누리십시다. 예수님의 이름에서 권세가 나오니 우리가 연약하여 비굴하지 말고 그 이름을 외치며 승리의 싸움 싸우기를 기도합시다.

인생의 목표와 모험과 활력이 있는 자에게 하나님은 승리의 축복을 주십니다. 우리가 인생의 승리자가 되기를 4가지 'V'가 필요합니다. 첫째는 이상(Vision) 둘째는 모험(Venture) 셋째는 활력(Vitality) 넷째는 승리(Victory)입니다. 이 네 가지가 우리의 삶 속에 역사 할 때에 후회 없는 인생이요, 하나님이 축복하시는 인생임을 알고 인생 승리의 4가지 'V'를 주시기를 기도합시다.

예수님의 기도는 잔을 제거해 달라고 기도하는 대신 '아버지의 뜻'을 추구하는데 있습니다. 예수님의 승리는 사단의 도구가 되며 '하나님의 일을 생각지 않고 도리어 사람의 일만 생각했던 베드로의 실패와 대조가 됩니다. 나에게도 나의 뜻보다 주님의 뜻을 이룰 수 있는 믿음을 주시기를 기도합시다.

우리는 예수님의 십자가를 패배로 생각하고 부활만을 승리로 간주하는 일이 없어야 합니다. 주님의 십자가는 획득된 승리이고 부활은 입증된 승리인 것입니다. 십자가 없는 부활은 없습니다. 나에게 십자가의 아픔이 있고, 고난의 아픔이 있을지라도 그것을 잘 극복함으로 주님의 부활의 기쁨을 맛볼 수 있기를 기도합시다.

출애굽기 7장-11장은 하나님께서 애굽에 내린 열 가지 재앙이 어떻게 시작되어 진행되고 있음을 보여줍니다. 하나님께서 강한 주먹으로 바로에게 치명타를 날리셔서 열 번이나 다운시키는 통쾌한 경기를 우리는 봅니다. 만약 하나님께서 이 시합에 지거나 이 시합을 포기해 버리신다면 히브리인들은 어떻게 되었을까요? 하나님은 패해 본 적이 없으십니다. 오늘 여러분을 괴롭히는 바로는 없습니까? 우리를 도우시는 하나님의 강한 주먹으로 제압해 달라고 기도합시다.

바로에게 끌려가 강제 노동을 해본 일이 없는 사람들과 자기의 태를 찢고 나온 사내자식이 애굽 사람들의 손에 잡혀 나일강 속에 버려지는 것을 넋을 잃고 보고만 있어야 했던 히브리 어머니들이 아닌 사람들은 출애굽기 7장-11장까지는 기쁜 소식이라 할 수 없을 것입니다. 하나님께서 바로를 때려눕히실 때마다 자식을 잃은 어머니들의 한이 풀어졌을 것입니다. 힘들고 어려운 문제로 시달리는 분들이 계십니까? 하나님만이 우리에게 기쁜 소식과 승리의 소식과 회복의 소식을 주실 분이심을 믿고 우리의 당면한 현실을 가지고 기도합시다.

신 뢰

예수 그리스도는 우리를 쉬게 하기 위하여 무거운 십자가를 지셨습니다. 지금도 그 십자가의 피는 흐르고 있습니다. 주님은 하나님 우편에서 우리를 위해 기도하고 계십니다. 우리를 쉬게 하시려고 지금도 일하고 계십니다. 여러분에게 감당하기 어려운 마음의 짐과 삶의 고통이 있습니까? 주님께 맡기는 시간이 되시기 바랍니다.

환난은 결코 혼자 오지 않습니다. 언제나 하나님과 함께 오십니다.

그 분의 손길이 있습니다. 그리고 그 손은 강하고 믿음직합니다. 하나님은 우리를 결코 그냥 버려두시지 않습니다. 하나님은 우리를 내 손에서 빼앗을 자가 없다고 약속하셨습니다. 우리가 가장 두려워해야 할 한 가지는 우리가 연약한 순간에 그 분이 우리를 놓아 버리실까 하는 것입니다. 그 어떤 순간에라도 하나님의 신실한 그 약속을 믿고 하나님만 의지하는 자가 되도록 기도합시다.

아무리 큰 문제라고 해도 그것은 주님 앞에서 문제가 아닙니다. 아무리 불가능한 문제라 해도 그것은 믿는 자에게 문제가 아닙니다. 오직 문제는 우리 자신입니다. 맡기지 못한 우리의 신앙, 기도에 충실하지 못한 내가 문제입니다. 자신의 문제를 안타깝게 여기고 문제를 하나님께 맡기고 기도하는 믿음을 더하여 주옵소서 라고 기도합시다.

하나님의 사랑과 힘은 우리의 작은 생각으로 확인할 수 없다 하더라도 우리 위와 내면에 역사하고 계신다는 깊은 확신을 가지고 하나님을 향하여 자신을 맡길 때 하나님의 사랑을 깊이 느끼게 될 것입니다. 이 시간 우리의 일들을 구체적으로 맡기는 기도를 드리십시다.

병원이나 치과에서 순서를 기다릴 때는 괜히 낡은 잡지나 뒤적이지 말고 하나님과 건강한 대화를 해 보세요. 그때야말로 다른 건강한 신체에 대해 하나님께 감사를 드려야 할 때입니다. 그리고 하나님을 더욱 의지하게 만든 약한 부분에 대해서도 하나님께 맡기는 기도를 드리십시오. 그리고 우리는 이 시간 삶과 질병, 죽음에 대한 여러분의 모든 두려움을 주님께 아뢰는 시간이 되시기를 바랍니다.

신앙⟨1⟩

우리는 내 마음대로, 내 뜻대로 사는 것이 자유로운 삶이라고 생각하며 살았습니다. 집착과 편견에 사로잡힌 자신의 모습을 인정하지 않고 고집스럽게 살았습니다. 진리를 바로 깨닫지 못하고 진리를 바로 받아들이지 못했습니다. 예수님 만이 진리요, 주님과 더불어 살아가는 삶이 진정한 자유가 있는 삶입니다. 이제부터 진리이신 예수님 안에서 살아가기를 기도합시다.

고난을 통하여 예수 그리스도는 승리를 얻었습니다. 사탄은 그 일을 이루지 못하였습니다. 그러나 예수 그리스도는 조금도 흔들리지 않았습니다. 주님은 하나님이 허락하시는 승리의 즐거움을 아셨습니다. 이는 우리를 그에게로 이끄는 즐거움이었습니다. 이 일을 위하여 주님은 그 모든 부끄러움과 고통을 참으셨습니다. 여러분에게 어려움이 있습니까? 조금도 흔들리지 않는 신앙, 그리고 잘 극복할 수 있는 믿음을 간구합시다. 그리하여 승리의 주인공이 되기를 기도합시다.

우리가 하나님을 사랑하는 것은 우리가 선하고 사랑이 많은 존재

이기 때문에 하나님을 사랑하는 것이 아니라 하나님께서 모든 사람들로부터 찬미와 충성을 받으시기에 합당하신 분이기 때문입니다. 나는 하나님을 어떤 마음가짐으로 섬기고 있습니까? 마음을 다하고 성품을 다하고 뜻을 다하고 힘을 다하여 하나님을 사랑하는 주님의 말씀처럼 그 믿음 주시기를 기도합시다.

하나님의 말씀은 우리에게 예수 그리스도를 믿음으로 구원을 얻는 지혜를 주십니다. 뿐만 아니라 우리의 잘못을 책망하고 허물을 고쳐주고 바르게 살아가는 훈련을 시키기에 가장 유익한 책입니다. 이와 같이 중요한 하나님의 말씀을 뒤로하고 살아오지는 않았습니까? 믿음은 들음에서 나며 들음은 그리스도의 말씀으로 말미암는다고 했는데 주여 나에게 주님의 말씀을 사랑하고 읽고, 듣고, 지키는 믿음을 달라고 기도합시다.

주님은 완성된 자를 찾지 않으십니다. 부족한 사람, 나약한 사람, 병든 사람, 죄인들을 찾습니다. 그러나 예수를 영접한 사람들은 나약하고 부족하지만 믿음의 능력이 있고 힘이 있기에 강하고 담대하게 그리스도인의 삶을 살아가는 것입니다. 자기의 약함을 느낄 때와 부족함을 느낄 때가 가장 주님을 가까이 할 수 있는 시간입니다. 이 시간 우리 중에 부족한 사람, 약한 사람, 무능한 사람이 있습니까? 주님의 도우심을 간구하시기 바랍니다.

신앙 〈2〉

  우리들의 삶의 최대의 혁명은 하나님을 온전히 사랑할 때 시작되는 것입니다. 하나님을 사랑한다면 사랑할 시간을 가져야 합니다. 예배를 통해서 하나님의 말씀을 듣는 시간을 가져야 하고, 하나님과 나와 단 둘이 대화할 수 있는 기도의 시간을 가져야 하고, 몸과 마음과 물질을 다 바쳐 봉사하고 헌신하는 믿음을 가져야 합니다. 더 나은 삶의 변화를 원하십니까? 하나님을 사랑하는 일에 예배와 기도와 헌신을 다하는 자가 되기를 기도합시다.

  믿을 수 있는 대상을 가진 사람은 행복한 사람입니다. 그러나 그 행복이 지속적인 것이 되려면 자기가 믿는 대상을 확인해 보아야 합니다. 그렇다면 저와 여러분은 믿을 수 있는 확실한 대상인 예수 그리스도를 모시고 살아갑니다. 그런데 예수 그리스도가 우리와 함께 하심이 느껴집니까? 그리고 그 분에게 여러분의 모든 것을 맡길 수 있습니까? 이 시간 예수 그리스도와 만남의 신앙을 주시기를 기도합시다. 그리고 전적으로 맡기고 살아가는 믿음을 달라고 기도합시다.

  예수님은 우리의 희망이요 우리의 능력이십니다. 주님의 말씀으로 우리의 마음과 생각의 모든 것들이 변화되기를 기도합시다. 그리고 주님의 손길을 나의 마음과 나의 영혼에 깊이 느끼는 신앙이 되기를 기도합시다.

이런 복을 주소서 / 머리의 지식이, 손발의 봉사로 연결되는 복을 주소서, 개인주의를 버리고 이웃과 더불어 동행하는 따뜻한 심장을 주소서 / 형제의 눈물을 헤아릴 줄 아는 따뜻한 인간성을 회복시켜주옵소서 라고 기도합시다.

하나님은 교회들에게 타오르는 성령의 불길 속으로 뛰어들어 그분의 이름으로 세상에 불을 붙이라고 하십니다. 우리의 마음에 불타는 열정을 체험하는 유일한 길은 그분 앞에 더욱 가까이 하는 것입니다. 우리 교회가 성령이 불같이 타오르기를 기도합시다. 그리고 그 불길 속에 타오르는 신앙이 되기를 기도합시다.

약속

홍해를 가르신 하나님의 능력이, 자기의 외아들을 아낌없이 주신 사랑이, 솔로몬의 슬기로움보다 더욱 높은 하나님의 지혜가, 창세 전부터 계신 보혜사 성령이 너와 함께 하리라고 하셨습니다. 우리는 주님의 약속을 얼마나 믿고 의지하며 살아 왔습니까? 이 시간 하나님의 능력과 사랑과 지혜와 임마누엘의 은총을 구하십시오.

삶이란 집을 짓는 것과 같습니다. 오늘 하는 말이 내일 가질 것에 영향을 미칩니다. 삶이란 하루 이틀 사용하고 마는 호텔의 객실이 아니라 오늘의 노력이 내일의 결과를 만듭니다. 오늘의 결심이 내일의 변화를 초래하기도 합니다. 여러분은 오늘을 어떻게 살았습니까? 내일을 위하여 그 무엇을 투자하셨습니까? 심는 대로 거둔다는 주님의 말씀처럼 더 나은 내일을 위하여 내가 힘쓸 것을 생각해 보고 기도합시다.

우리 모두에게는 자신의 삶에 대한 이야기가 있습니다. 어떻게 직업을 선택했는지, 왜 결혼했는지, 언제 그리고 어떤 환경에서 인생을 바꿔놓은 결정을 했는지 등이 그것입니다. 그 모든 일들 가운데 하나님의 손이 역사 하신 사건들에 주목하십시오. 그리고 우리는 과거를 되돌아보면서 우리가 눈치채지 못한 때에도 하나님께서 역사 하셨다는 것을 알고 놀랄 것입니다. 과거에 역사 하셨던 하나님께서 우리의 미래에도 함께 하시기를 기도합시다.

하나님의 약속은 그 약속을 사용하고자 하는 마음을 가진 자에게 베풀어집니다. 그리고 하나님의 약속은 믿는 자의 어려움을 작게 만드는 것이 아니라 힘을 더 강하게 하기 위해서 베풀어집니다. 하나님은 우리가 존재하는 한 강한 자로서 우리를 도우실 분이십니다. 그 능력이 우리에게도 함께 하시기를 기도합시다.

우리에게 하나님의 약속이 없다면 아무리 노력해도 실패할 뿐입니다. 그러나 약속하신 분과 함께 하면 반드시 성공할 것입니다. '깊은 데로 가서 그물을 내려 고기를 잡으라' '그물을 배 오른편에 던지라' 그리하면 얻으리라는 주님의 약속을 붙들고 살아가는 믿음을 나에게도 주시기를 기도합시다.

하나님의 말씀에 순종해 보십시오. 그리고 하나님의 요구대로 살아보십시오. 그리하면 하나님께서 약속하신 대로 우리의 삶을 이전 것보다 더 풍성하게 주실 것입니다. "여호와의 도모는 영영히 서고 그 심사는 대대에 이르리로다"(시 33:11)의 말씀을 믿고 그 날을 바라보면서 하나님의 요구대로 신실하게 살아가기를 결단하십시오.

양심

"주님의 임재를 느끼며 깨끗한 양심으로 선한 삶을 살게 하소서. 주님의 삶을 본받아 베품과 나눔과 섬김의 삶을 살게 하소서. 날마다 하나님의 말씀으로 내 삶을 비추어 깨끗한 양심으로 살게 하소서"라고 기도합시다.

인간이 자기의 마음, 자기의 기질, 자기의 행위를 인정하거나 혹은 인정하지 않거나 하는 기준은 바로 양심입니다. 그런데 자기 안에 있는 양심을 따라 살아가는 힘은 자기 자신이 만든 어떤 것이 아니라 자기 존재와 더불어 함께 있는 하나님이 주신 것입니다. 깨끗한 양심, 바른 양심, 주님의 말씀에 합당한 양심을 가지고 살아가도록 판단과 이김의 신앙을 주시기를 기도합시다.

양심은 우리의 영혼 가운데 하나님이 심어주신 선악을 분별하는 신념입니다. 그런데 한 사회나 한 국가가 이 양심의 음성을 따라가지 않으면 심히 위태로운 상태에 도달하게 됩니다. 이 시간 나에게도 하나님이 주신 양심의 소리를 듣고 살아가는 자가 되기를 기도합시다.

우리 속에는 언제나 옛 본성이 남아 있습니다. 만일 하나님께서 양심을 통해 우리에게 일상생활 속에서 이 위험을 경계하도록 끊임없이 경고해 주시지 않는다면 우리는 무너지고 말 것입니다. 하나님의 음성이 우리의 양심을 지배하고 성화의 단계로 나아가기를 기도합시다.

언어

우리의 입안에는 치아가 32개인데 16개씩 짝지어 있습니다. 이 사이로 혓바닥이 드나들면서 먹을 것을 받아들입니다. 그리고 말할 때는 혀가 좌우로 움직이면서 활동을 합니다. 32개의 치아보다는 하나의 혀가 더 많은 활동을 합니다. 그런데 그 혀는 간혹 이에 물리기도 합니다. 우리는 혀를 잘 사용해야 합니다. 말은 한번 뱉으면 주어 담을 수가 없습니다. 우리가 말의 실수가 없도록 기도합시다. 그리고 많은 사람들에게 용기와 격려를 주는 말을 하고 복음을 전하는 입술이 되기를 기도합시다.

사람의 말이 기적을 만든다고 합니다. 그리고 기적을 이룬 사람들의 특징이 있는 말은 다음과 같습니다. ① 힘을 내세요. ② 걱정하지 마세요. ③ 아름답습니다. ④ 사랑합니다. ⑤ 감사합니다. 기적을 이루어내는 언어를 사용하는 은혜의 입술이 되기를 소원합시다.

하나님께서 오늘 여러분에게 말씀하신다면 여러분은 그분의 음성을 들을 수 있겠습니까? 여러분은 그분이 말씀하실 수 있도록 사무엘같이 하나님의 전에 더 가까이 나아가기를 기도하시기 바랍니다.

순종은 죽음과 같은 성질이 있습니다. 순종은 자신의 모든 것을 버리고 자신의 존재를 창조자의 손에 드리는 것입니다. 하나님의 요구하심에 언제라도 "예"라고 대답할 수 있는 자들이 되도록 기도합시다.

사람들은 말 한 마디로 인해 행복과 불행을 넘나들게 되며 내 입술로 사랑의 말을 하게 해 주옵소서. 남을 무시하는 말로 마음에 상처를 입히면 그 상처가 너무나 커 잊지 못할 아픔이 될 수도 있으니 오직 사랑으로 감싸는 자가 되기를 기도합시다.

말은 우리 마음의 표현이니 우리 안에 계시는 주님의 마음을 닮아 복된 말을 하게 하소서. 말로써 주님을 고백하며 시인하며 전하는 전도자가 되게 하소서. 주님께서 내 마음을 주장하사 내 입술로 사랑의 말을 실천하게 해 주옵소서 라고 기도합시다.

연합

혼자서 못하는 일은 두 사람이면 할 수 있습니다. 혼자서 가는 길보다 사랑하는 사람과 둘이 가는 길은 힘들지 않습니다. 서로의 약점을 보고 있는 동안 길은 없으나 서로의 장점을 보고 있는 동안 하나님은 길을 내 주십니다. 우리 모두 하나가 되기를 기도합시다.

교회가 예수 그리스도의 몸이라는 것을 인정하는 것은 교회 안에서 그리스도와의 연합을 의미합니다. 사도 바울은 몸이라는 비유를 통해서 그리스도와 교회와의 연합을 인정했습니다. 성도들은 오직 그리스도 안에서만 존재가 가능합니다. 그리스도를 떠나서는 성도로서의 존재 가치가 없는 것입니다. 그러므로 더 나은 우리의 모습은 그리스도 안에서만 가능합니다. 예수 그리스도 안에서 하나되는 아름다운 교회가 되기를 기도합시다.

모세는 이스라엘 백성을 구원하기 위하여 애굽의 보화를 버리고 자기 백성과 연합하였습니다. 그리고 예수님은 하나님과 동등 됨을 내어 놓으시고 종의 신분을 취하여 인간과 연합하였습니다. 우리도 나를 버리고 주님의 뜻과 일치하는 삶을 살아감으로 하나님의 뜻을 이루는 도구로 사용되기를 기도합시다.

연합은 힘입니다. 지극히 작은 실도 여러 겹으로 엮으면 지극히 강한 밧줄이 될 수 있습니다. 단 한 방울의 물은 약하고 무력한 것입니다. 그러나 무한한 물방울이 끄는 힘은 시내를 이루게 될 것이고 많은 시냇물이 합쳐서 강을 이루게 될 것입니다. 바로 우리 교회가 연합할 때 세상이 예수 그리스도에게 복종하게 될 것입니다. 우리 교회가 연합하는 교회가 되고 힘있는 교회가 되기를 기도합시다.

예 배

예배를 드린다는 것은 무슨 의미가 있습니까? 그것은 우리 자신을 바치는 것입니다. 그리고 우리 자신을 철저히 죽이는 것입니다. 그리고 하나님의 역사를 체험하는 것입니다. 우리는 예배를 드리면서 얼마나 자신을 죽이고 드립니까? 자신을 얼마나 정성껏 바치십니까? 죽지 않으면 제물이 될 수 없습니다. 자아가 죽어지는 예배로 온전히 하나님께 드려지는 예배가 되기를 기도합시다.

우리는 예배를 배워야 합니다. 하나님께서는 우리들이 진리를 배워서 그 분을 예배 할 수 있도록 하나님의 말씀을 생명의 양식으로 주셨습니다. 예배가 하나님께 온전히 드려질 수 있기 위해서는 하나님과 그분의 말씀에 대한 확실한 믿음이 있어야 합니다. 왜냐하면 믿음이 없이 드리는 예배는 허공을 치는 것과 다름이 없기 때문입니다. 이 시간 기도할 때 하나님! 나에게 생명의 양식인 하나님의 말씀을 통해서 성숙한 예배자가 될 수 있기를 기도합시다.

예배는 생활에 추가되는 것이 아니라 예배는 생활의 가장 중요한 핵입니다. 우리의 예배가 무너지면 모든 것이 다 무너집니다. 이 시간 나의 공적인 예배가 얼마만큼 잘 드려지고 있습니까? 아브라함처럼 가는 곳마다 제단을 쌓았듯이 우리도 예배를 중요하게 여기는 자들이 되도록 기도합시다.

우리는 주변에서 일어나고 있는 일들 때문에 주위를 빼앗기기 쉽습니다. 예배를 드리고 있으면서도 사업장과 직장으로 왔다 갔다 하는가하면 설교를 듣고 있으면서도 머릿속으로는 점심 식사를 준비하고 어딘가를 바쁘게 다녀온 적도 있습니다. 이러한 예배는 형식적인 예배가 아니고 무엇이겠습니까? 우리의 예배가 온전히 드려지고, 하나님의 말씀을 들을 때에 하나님의 음성을 듣는 예배가 되기를 기도합시다.

예수님께 향유를 부은 여인이 있습니다. 그 여인의 행동을 지켜본 사람들 중에는 낭비라고 비웃는 자들도 있었지만 예수님은 그 여인의 행위를 순전한 예배의 영원한 기념비로 세우셨습니다. 오늘 우리가 드리는 예배가 마리아처럼 옥합을 쏟는 예배가 되도록 기도합시다.

우리가 하나님과 친밀함을 경험하려면 하나님께 많은 시간을 투자해야 합니다. 하나님은 오늘도 우리에게 더욱 친숙하기 위해서 더 많은 기도의 시간을 갖기를 원하며, 더욱 힘써 예배에 참여하기를 원하십니다. 그리고 하나님의 말씀을 듣고, 읽고, 묵상하는 자들이 되어서 하나님과 더욱 친밀해지기를 기도합시다.

예수〈1〉

저는 여러분에게 그리스도에 대하여 세 가지를 부탁하고 싶습니다. 첫째는 우리를 위하여 죽으신 그리스도를 기억하라고 말입니다. 둘째로 우리와 함께 하시는 그리스도를 사랑하라고 말입니다. 셋째로 우리를 위하여 다시 오실 그리스도를 기다리라고 말입니다. 우리 이시간 이 세 가지를 소원하며 기도합시다.

이 시간 우리 다 같이 주님같이 되기를 기도합시다. 주님처럼 겸손하며, 주님처럼 사랑하고, 주님처럼 진실하기를 구하십시다.

내가 그 어디를 가든지 주님뿐입니다. 내가 그 어느 곳에 서 있든지 주님뿐입니다. 모든 일이 잘 풀릴 때에도 주님뿐입니다. 일이 설타래 마냥 꼬일 때에도 주님뿐입니다. 주님만이 나의 보배로 삼고 살기를 기도합시다.

예수님께서 여러분의 삶에서 일을 하시도록 하십시오. 예수님께서 여러분의 마음에 들어오셔서 성령의 능력을 통해 여러분의 마음을 지배하시도록 하십시오. 하나님의 도우심이 함께 하면 여러분의 분노를 정복할 수 있고, 무능함 대신에 능력의 사람으로 변화될 줄 믿습니다. "주여! 이 시간 나에게 오셔서 나를 다스려 주옵소서"라고 기도합시다.

예수 그리스도의 성품을 닮게 하소서라고 기도합시다. 우리의 마음에 예수 그리스도의 마음을 담아 예수 그리스도의 성품을 닮게 하소서. 우리의 마음 그릇에 따라 성격도 표현도 생활 방식도 달라지오니 우리의 마음이 예수 그리스도의 성품을 닮게 하옵소서.

오늘 우리가 밝은 날들을 살아갈 수 있는 것은 자주 보여주신 주님의 모습 때문이고 자주 들려주신 주님의 음성 때문입니다. 우리에게 주님의 모습이 없고 주님의 음성이 없다면 얼마나 허전할까요? 언제나 우리를 가까이 해주시고 주님의 음성으로 용기와 소망을 주옵소서 라고 기도합시다.

예수〈2〉

예수 그리스도께서 시작이 되셨던 것처럼 끝이 되십니다. 바울이 바라보는 것이 과거이든 현재이든 미래이든 안이든 밖이든 그는 예수만을 바라보았습니다. 주님을 향한 우리의 시선이 오늘만 아니라 앞으로도 주님만 바라보게 하소서 라고 기도합시다.

예수 그리스도를 발견한 사람, 예수 그리스도를 아는 사람, 예수 그리스도를 믿는 사람, 예수 그리스도를 따르는 사람, 예수 그리스도와 함께 살아가는 사람은 가장 행복한 사람입니다. 이 시간 나에게도 예수 그리스도를 만난 사람이 되고, 따르는 사람이 되고, 함께 살아가는 자가 되기를 기도합시다.

나도 나를 모르는데 누가 나를 알아주겠습니까? 병든 내가 나도 싫은데 누가 나를 좋아하시겠습니까? 실패한 내가 나도 싫은데 누가 나를 지지하겠습니까? 무지한 나, 병든 나, 실패한 나 그래도 사랑하는 자가 있으니 바로 예수 그리스도이십니다. 나를 사랑하는 주님! 나도 주님을 더욱 사랑하겠습니다. 라고 기도합시다.

주님 떠나가시면 내 가슴은 저 들판의 허수아비입니다. 주님은 나에게 있어서 그 무엇이 아니라 나의 전부입니다. 이 시간 내 마음이 주님으로 충만하기를 기도합시다.

예수 믿고 저주를 받는 법은 없습니다. 그러나 예수를 잘못 믿고 짐이 무거워지는 법은 아주 많습니다. 예수를 믿는데 있어서 어려운 점은 "예수를 바로 믿는" 그것입니다. 여러분은 예수 그리스도를 얼마나 사랑하며, 얼마나 진실하게 섬기며, 뜨겁게 믿고 살아가십니까? 이 믿음 나에게 주시기를 더욱 힘써 기도합시다.

예수 그리스도는 우리 심령의 주인으로 계신 분이지 손님으로 그저 왔다 갔다 하시는 분이 아닙니다. 그분은 우리의 마음과 인생을 주장하시고 인도하시는 분이십니다. 여러분은 얼마만큼 주님의 주권을 믿고 따르며 살아가십니까? 아직도 내가 나의 주인은 아닙니까? 주님을 나의 주인으로 모시고 따르기를 기도합시다.

온유

큰 사람이 되게 하소서. 생각과 말과 행동에서 우리가 큰 사람이 되게 하소서. 남을 흠잡는 일을 그만두게 하소서. 모든 이기심을 떨쳐버리게 하소서라고 기도합시다.

언제나 차분하고 평온하며 온유하게 하소서. 우리 마음 속에 있는 하나님의 소원들을 행동으로 옮기게 하시고, 언제나 바르고 정직하게 살게 하소서. 그리고 우리가 남에게 친절하기를 기도합시다.

온유라는 말은 본래 굉장한 힘이 어떤 일정한 방향을 향해서 조절되어 나타날 때의 상태를 가리키는 말입니다. 바울은 성도의 교제를 위한 덕목의 하나로 이 온유함을 강조합니다. 온유하지 못하다는 것은 폭발한다는 것을 의미합니다. 사람들 가운데는 시한폭탄 같은 자들도 있습니다. 우리에게도 조정하는 힘이 없어질 때 감정이 폭발할 수 있는 가능성이 얼마든지 있습니다. 그리고 폭발할 때 성도의 좋은 관계는 깨어지고 맙니다. 나에게도 나의 감정을 조절할 수 있는 믿음을 주시고 성도들을 대할 때 온유의 사람이 되시기를 기도합시다.

　온유하다는 말은 산상보훈 중의 세 번째 복에 나타나 있습니다. '온유한 자는 복이 있나니 저희가 땅을 기업으로 받을 것임이요'라고 했습니다. 그런데 온유라는 말의 원 뜻은 '부드럽다, 온화하다, 점잖다, 유순하다'등의 의미가 있습니다. 이것은 예수 그리스도의 마음입니다. 예수님은 온유한 마음으로 많은 사람을 주님 앞으로 오게 하고 주님을 배우게 하셨습니다. 우리의 믿음의 연륜이 더해갈수록 주님의 온유한 마음으로 충만해질 수 있기를 기도합시다.

　온유라는 말은 '길들인다'는 의미를 가지고 있습니다. 성경에 기록된 온유한 자란 하나님께 잘 길들여 가는 사람을 말합니다. 그리고 그러한 사람의 인격의 특성은 첫째, 외적으로는 부드러우면서도 내적으로는 강한 사람 둘째, 줏대가 없어 보이면서도 그 나름대로 확고한 생의 목적과 의미를 가지고 살아가는 사람 셋째, 언제나 내적 자유함이 있는 사람입니다. 이와 같은 인격의 특성은 하나님을 확고하게 신뢰하고 충실하게 살아가고자 하는 결과로 나타나는 은혜의 선물입니다. 이러한 자들이 복이 있는 자들입니다. 나에게도 주님의 말씀으로'길들여진' 온유한 자가 되기를 기도합시다.

용기

하나님께서는 우리의 성품과 삶 전체에 있어서 용기를 갖기를 원합니다. 그러므로 우리가 하나님께 영광을 돌리기 위하여 항상 올바르고 참된 일에 용기를 가지고 살아가기를 기도합시다.

다윗은 마음이 약해질 때마다 자기 자신을 향하여 말하기를 "내 영혼아 네가 어찌하여 낙망하며 내 속에서 불안하여 하는고 너는 하나님을 바라라"고 했습니다. 우리 중에 낙심된 자가 계시다면 하나님을 바라보며 하나님께 기도하심으로 도움을 얻고 승전하시기를 바랍니다.

인생은 하나의 싸움으로서 재앙에 굴복하지 말고 당당하게 싸울 수 있는 용기와 위험이 많은 사업에 종사하면서도 앞날에 한 가닥 희망만 엿보이면 실망하지 말고 용감하게 살아가기를 기도하시기 바랍니다.

하나님을 믿는 자들이 갖추어야 할 5가지를 소개합니다. 첫째, 손실을 두려워하지 말아야 하고 둘째, 항상 새로운 것을 향하여 자기 자신을 교육해야 하고 셋째, 도전을 받아들여야 하고 넷째, 현실을 도피하지 말아야 하고 다섯째, 자기 감정을 컨트롤할줄 알아야 합니다. 더 나은 자기 발전을 위하여 자신의 부족한 점을 생각해 보고 기도하십시다.

하나님의 말씀은 그 자체로서 강한 힘을 가지고 있습니다. "네가 어디로 가든지 네 하나님 나 여호와가 너와 함께 하느니라"고 하신 주님의 약속을 믿고 밝고 힘있게 살아가는 자들이 되기를 기도합시다.

용서

여러분에게 잘못을 했거나, 험담을 했거나, 여러분에게 거짓말을 한사람을 기도로 하나님께 데려가 보세요. 그가 준 고통, 부당한 행위, 마음의 상처를 하나님 앞에 기도해 보세요. 그리고 완전히 잊어버리기로 다짐을 해보세요. 그리고 이러한 마음을 주신 하나님께 감사의 기도를 드리시기 바랍니다.

사람이 하나님 아버지의 용서를 받기 위해서는 남을 용서해야 한다는 것을 예수님은 강조하셨습니다. 예수님께서 우리에게 주기도를 가르칠 때 '우리 죄를 용서하소서'라고 기도하되 그 앞에 '우리가 우리 이웃의 죄를 용서한 것 같이'라는 말씀을 삽입하신 이유가 바로 여기에 있습니다. 우리는 하나님의 용서를 받은 자들로서 서로 용서하고 용서를 받아야 할 자들로서 주님의 마음으로 모든 사람들을 사랑하고 용서하는 자들이 되시기를 기도합시다.

예수님은 십자가 위에서 피흘려 죽으시면서도 자신을 십자가에 못 박아 죽이는 사람들을 위하여 기도하심으로서 우리에게 용서의 본을 보여주신 분이십니다. 그리고 주님의 교회 최초의 순교자 스데반도 자기에게 돌질하는 자들을 향하여 '저들을 용서하여 달라'고 기도 하셨습니다. 우리들은 이미 주님의 용서를 받은 자들로서 용서를 실천하는 자들이 되기를 기도합시다.

기독교는 용서와 화해를 기초로 시작합니다. 성경에 '용서'란 말은 나를 포기(forsake)하는 일이요, 주는 것이요(forgive), 완전히 잊어버리는 것(forget)입니다. 신앙의 정직한 척도는 내가 남에게 어떻게 하느냐에 달려 있습니다. 하나님의 용서를 받은 우리들이 남을 용서 못하는 모순된 신앙은 없습니까? 나에게 다른 사람의 잘못에 대하여 용서하고 화해하는 믿음을 주시기를 기도합시다.

용서는 다시 결합하는 일입니다. 우리에게 있어서 상대방의 악한 행동이 더 이상 새로운 관계를 방해하지 않도록 기도하고 서로의 관계를 이전보다 더욱 나은 관계로 결합되기를 기도합시다.

우선순위

여러분은 무슨 일로 하루 하루를 바쁘게 살아가고 있습니까? 여러분이 하고 있는 일들이 꼭 필요한 것인지 생각해 보십시오. 그 가운데 불필요한 것들이 있지는 않습니까? 그 가운데 하지 않아도 무방했던 것들은 없습니까? 그리고 더 우선적인 것들을 놓치지는 않았습니까? 하나님의 말씀을 읽기와 기도하는 일에 소홀하지는 않았습니까? 더 중요한 일에 투자가 없이는 더 나은 삶을 기대할 수 없을 것입니다. 하나님의 법을 사랑하고 기도하는 일에 더욱 힘쓰는 자가 되기를 기도합시다.

여러분은 하루 하루를 어떻게 살아가고 있습니까? 여러분의 시간을 하나님께 드리는 기도로 하루를 시작하십시오. 여러분이 하나님의 임재를 점점 더 알아갈 수 있도록 하루의 매 순간을 거룩하게 해 달라고 기도하십시오.

예수님께서 여러분의 삶에 대해 무엇이라고 말씀하실지 생각해 보십시오. 여러분은 주님과 함께 하는 시간에 최우선 순위를 둡니까? 여러분이 마리아의 집에 있다고 생각해 보십시오. 여러분은 무슨 일을 했을 것 같습니까? 부엌에서 멋진 식사를 준비하고 있을 것인지? 아니면 말씀을 듣는 일에 열중했을 것인지? 주님이 원하는 사람은 말씀을 듣는 사람입니다. 내가 마리아와 같이 주님이 더 원하는 일에 열심을 갖도록 기도합시다.

나는 도적입니다. 물건을 훔쳐서가 아니라 하루종일 물질에 마음을 두고 살았으니 도적이 그러하듯이 나도 도적입니다. 나는 거지입니다. 얻어먹고 살아서가 아니라 하루종일 무엇을 먹을까 하고 살아

왔으니 거지가 그러하듯이 나도 거지입니다. 주여 나에게 먼저 그의 나라와 그의 의를 추구하는 믿음을 주시기를 기도합시다.

웃음

나의 사랑이 더 풍요로운 것이 되도록 주님의 미소를 허락하여 주옵소서. 괴로운 일을 당할 때에도 미소를 잃지 않는 힘을 주옵소서. 나의 생각과 감정이 나와 다른 이웃에게도 언제나 미소를 머금고 대할 수 있게 해 주시기를 기도합시다.

아침에 일어나서 거울을 보고 한 번씩 웃으십시오. 웃음은 인간만이 가진 축복입니다. 여러분이 표정만 바꾸면 자연스럽게 마음도 바뀌어 집니다. 자신감 있게 웃을 수 있다면 행복한 사람입니다. 그리고 다른 사람으로 인해 웃을 수 있다는 것은 참으로 행복한 일이며 다른 사람에게 웃음을 줄 수 있는 사람은 더욱 행복한 사람입니다. 여러분의 인상은 너무 굳어 있지는 않습니까? 이 시간 기도하실 때 나의 일로 웃을 수 있는 사람, 남의 일로 웃을 수 있는 사람, 다른 사람에게 웃음을 줄 수 있는 사람이 되기를 기도합시다.

그리스도인이라고 주장하면서 유머 감각이 없는 사람들을 보면 이상한 생각이 듭니다. 그리스도인들은 자신과 세상에 대해 자연스럽게 웃을 수 있어야 합니다. 웃음은 포로 상태로부터의 해방을 의미합니다. 웃는 얼굴에 침을 뱉을 수 없다는 말처럼 웃는 얼굴을 싫어할 사람은 아무도 없습니다. 여러분은 누구를 대하든지 웃을 수 있습니까? 이곳에 웃음을 잃어버린 사람이 있다면 웃음을 회복하고 모든 사람들에게 웃음을 선사할 수 있는 자들이 되도록 기도합시다.

위로

주님을 바라볼수록 우리의 마음은 평온하며 위로가 넘칩니다. 주님을 바라볼수록 우리에겐 새 힘이 넘치며 소망이 넘칩니다. 주님을 바라볼수록 우리는 주님을 닮게 됩니다. 이 시간 우리의 시선이 주님만 바라볼 수 있도록 기도합시다.

금과 은은 내게 없습니다. 나는 이 세상 재물로는 남을 도울 것이 적습니다. 나로 하여금 그리스도의 복음으로 남을 도와주게 하소서. 나는 재주와 재치는 내게 없습니다. 그러나 그리스도의 복음으로 남을 위로하는 자가 되기를 기도합시다.

하나님을 믿는 자들은 서로 다른 두 가지 마음의 상태가 있습니다. 그 하나는 여러 가지 두려움과 근심으로 번민하며 괴로워하는 것이고 다른 하나는 위로부터 오는 은밀한 기쁨으로 즐거워하는 것입니다. 이 위안은 성도들이 고난과 역경에서도 능히 이기도록 도우시는 하나님의 은총입니다. 번민하며 괴로워하는 일이 있습니까? 하나님을 믿는 저와 여러분에게 위로를 주시는 주님을 기다리며 기도하시기 바랍니다.

하나님께서는 성도들의 생명을 자기의 손과 토호 아래 두어 붙들어 주신다고 하셨습니다. 시편 기자는 "내 영혼이 진토 속에서 뒹구니 주님께서 약속하신 대로 나에게 새 힘을 주십시오"(시 119:25)라고 부르짖었습니다. 여기 [주의 약속하신 대로]라는 말은 하나님을 떠나면 소망이 없다는 말입니다. 여러분 어렵습니까? 살기가 힘이 드십니까? '내가 너와 함께 있으니 두려워하지 말아라 내가 너의 하나님이니 떨지 말아라 내가 너를 강하게 하겠다. 내가 너를 도와주고 내 승리의 오른 팔로 너를 붙들어 주겠다'는 주님의 신실한 약속을 붙들고 기도하시기 바랍니다.

성경에 나타난 천사의 메시지는 경건한 사람들에게 들리는 하나님의 메시지로서 늘 위안의 말로 묘사되어 있습니다. 특별히 누가복음 1장에 보면 나이 많도록 아이가 없던 사가랴 제사장 부부에게도 '그의 기도가 하나님께 상달되었음'을 확인시켜 줌으로써 두려움에 사로잡힌 그의 마음을 달래고 위로해 주고 있습니다. 기도하는 여러분에게 두려움이 있습니까? 이 시간 기도할 때 마음의 두려움을 거두어 주시고 주님의 위로로 충만하시기를 기도합시다.

은혜

하나님의 모든 풍부하심은 세상의 부유한 자에게 임하는 것이 아니요 세상에서 가장 가난한 마음에 임하고, 영원한 의사 되신 예수님의 치료하심은 건강한 사람에게 주어지는 것이 아니라 자기의 병을 알고 치료를 기다리는 자에게 주어지는 것입니다. 자기를 비우고 주님의 부요와 치료로 충만하기를 기도합시다.

성령님은 아름다운 분이십니다. 우리의 마음을 새롭게 하고, 거룩하게 하시며, 하나님의 사랑을 깨닫게 하시며, 우리를 대신하여 기도하신 분이시며, 은혜를 갈망하는 우리에게 은혜의 선물을 주시는 분이십니다. 이 시간 우리에게 더 뜨겁게 역사 하시기를 기도합시다.

효가 나를 낳으신 부모의 은혜에 근거를 두고 있듯이 예수 그리스도에 대한 신앙도 하나님이 예수 그리스도의 보혈을 통해 나를 낳으신 은혜에 근거를 두고 있습니다. 이것이 기독교 신앙의 근거입니다. 그러므로 기독교 신앙은 하나님의 무한한 은혜를 받아 누리는 데 있습니다. 뿐만 아니라 받은 은혜에 감사하는 것이 기독교 신앙입니다. 은혜를 알고 받은 은혜에 감사하는 자가 되기를 기도합시다.

여자들은 자기가 예쁘다고 생각하고 남자들은 자기가 잘났다고 생각합니다. 이것이 세상 사람들입니다. 그런데 그리스도인은 자기야말로 천하에 죽어 마땅한 죄인이라고 생각합니다. 세상은 자기 잘난 멋으로 살고 그리스도인은 자기 못난 믿음으로 사는 자입니다. 자신을 돌이켜 보며 나 같은 죄인을 용납하시고 은혜 더하시기를 기뻐하시는 하나님께 감사합시다.

　나의 수고로는 주님의 율법의 요구들을 충족시킬 수 없습니다. 쉴 줄 모르는 나의 열정으로도, 끊임없이 흐르는 나의 눈물로도… 그 어떤 것을 가지고도 죄를 대속할 수 없습니다. 당신만이 오직 주님만이 구원해 주실 수 있습니다. 나는 빈 손들고 나아와 오직 당신의 십자가만을 붙들 뿐입니다. 주여! 나를 도와주소서라고 기도합시다.

　주님의 사랑을 받은 일이 적은 자는 기도하는 일이 적고 주님의 사랑을 많이 받은 자는 기도를 더욱 많이 하고 싶어 합니다. 그리고 기도를 많이 하는 사람은 그만큼 능력의 사람도 됩니다. 여러분은 얼마나 기도하십니까? 기도의 생활을 통해서 행복을 느끼고, 기도의 맛을 보고, 기도하지 않고는 못사는 자들이 되기를 기도합시다.

　무더운 여름에 시원한 냉수가 갈증을 풀어주듯이 예수님께서 "내가 주는 물은 영원히 목마르지 아니하리니 나의 주는 물은 그 속에서 영생하도록 솟아나는 샘물이 되리라"는 그 물을 나에게 주시기를 기도합시다.

음성

어떤 사람들은 하나님께서 사람들에게 들을 수 있게 말씀하시느냐고 묻습니다. 그러나 그것은 대답하기 어려운 질문입니다. 한가지 분명한 것은 하나님께서 여러분이나 나의 귀에 들리게 말씀하실 것 같지는 않습니다. 그러나 하나님께서는 사람들에게 내적으로 말씀하시며 그것도 사람들이 들었다고 주장하는 것보다 더 자주 말씀하십니다. 그럼에도 불구하고 우리들이 주님의 음성을 못 들은 것은 고백되지 않은 죄가 우리의 생각을 사로잡고 있기 때문이며, 하나님께서 무엇을 하라고 요구하실 때 순종하려고 하지 않기 때문입니다. 하나님의 음성을 듣기를 원하십니까? 그렇다면 이 시간 고백되지 않은 죄를 고백하고, 하나님께서 무엇을 말씀하셔도 순종하겠습니다 라고 기도합시다.

사람들은 수다쟁이를 다 싫어합니다. 그런데 수다쟁이는 예수님도 싫어하십니다. 그래서 예수님은 우리에게 기도할 때 "중언부언하지 말라"고 하셨습니다. 수다쟁이는 누군가와 대화를 하기보다는 자기의 생각을 강요하려고 애쓰고 있는 자일 수 있습니다. 오늘날 우리들의 기도가 수다쟁이처럼 하는 기도는 아닐까요? 기도는 하나님과 대화입니다. 그렇다면 우리는 자기의 뜻을 하나님께 관철시키려고 주장하지 말고 대화가 이루어지는 진지한 기도를 드리는 습관을 가집시다. 그리고 우리는 이 시간 우리의 사정을 대화식으로 풀어 가는 기도를 드려봅시다.

하나님은 지금도 당신에게 다가오려는 사람들에게 말씀하십니다. "조심해라. 더 가까이 오려거든 모든 것이 죽었는지 확인해 보아라. 정말 나를 알고자 한다면 네 안에 모든 것이 죽어야 한다." 회개란 영이 살기 위해서 육이 죽는 것입니다. 하나님의 소유로 자처한다면 열정적 회개 기도와 친해지도록 하십시오. 반드시 필요하기 때문입니다. 우리는 이 시간 하나님 앞에 더 가까이 나아가기 위해서 자기 안에 있는 자아를 죽이는 기도를 합시다. 혈기를 죽이고, 이기주의를 죽이고, 교만을 죽이고, 진실함을 구하여 하나님과 더욱 친숙해지기를 기도합시다.

응답

예수 그리스도는 인생의 문제, 가정과 국가와 우리 사회의 온갖 테마의 해답이요, 해법이요, 핵심적인 마스터키가 되신 분이십니다. 그분은 다름 아닌 창조주 하나님의 본체이기 때문입니다. 여러분에게 문제가 있습니까? 소원이 있습니까? 우리에게 해답과 해법을 주실 주님께 부르짖어 응답을 받는 기도를 드리기를 바랍니다.

헌신의 기도는 천국을 뒤흔드는 기도입니다. 많은 그리스도인들이 하나님께 이러한 기도를 드린다면 현대 기독교는 어떻게 될 것 같습니까? 자녀를 달라고 구하는 한나의 기도를 보십시오. 아마도 한나는 여러 차례 자녀를 달라고 기도했을 것입니다. 그런데 삼상 1장에 소개된 한나의 기도는 헌신의 기도입니다. 아들을 주시면 하나님께 드리겠습니다. 이 시간 우리의 사정을 하나님께 아뢰면서 헌신의 기도를 드립시다.

세상의 많은 사람들은 그들의 필요를 세상에서 찾으려고 방황하며 살아갑니다. 그러나 우리는 우리의 필요를 우리의 아버지가 되시는 하나님께로부터 공급을 받고 살아가는 자들입니다. 아브라함이, 야곱이, 모세가, 엘리야가, 예수님의 제자들이 초대교회 성도들이 그렇게 살았습니다. 이 시간 우리들도 우리의 필요를 아신 하나님 앞에 꾸밈없이 아뢰고 응답받는 기도를 드립시다.

우리는 오르기 전에 내려가야 합니다. 임마누엘 하나님에게 쓰임받기를 원한다면 고난도 견디어야 합니다. 하나님의 뜻은 일상생활의 환경을 통하여 우리에게 나타나는 것입니다. 우리의 일상생활이 아무리 어렵다 할지라도 용기를 가지고 미래를 바라보며 나아가기를 기도합시다.

우리가 기도한 대로 그대로 이루어진다면 얼마나 좋겠습니까? 그러나 기도하는 자들이 알아야 할 다음 네 가지가 있음을 알아야 합니다. 첫째, 알았다! 그대로 해주마(Answer! Yes!) 둘째, 조금 기다려야겠어!(Wait for it) 셋째, 안돼! 그것은 해줄 수 없어!(No! I Say No!) 넷째, 그것만 구하니? 더 좋은 것을 줄께!(Better!) 이러한 대답 중에 하나인 'No'에 대해서 섭섭해 하지만 전능자의 눈으로 볼 때는 'No'의 응답이 가장 적절한 것이기 때문입니다. 하나님이 우리의 기도에 어떻게 응답하시던 우리의 더 큰 유익을 위해서 답하고 계심을 믿고 기도합시다.

이웃

다른 사람들은 이웃을 생각하지 않고 자기 마음대로 생각하고 행동하는 사람들입니다. 그러나 우리들은 이웃을 내 몸처럼 생각하고 살아가는 자들입니다. 주님은 우리와 관계하는 자들에게 이웃이 되어주라고 하십니다. 그러면 우리는 우리가 관계하는 자들에게 어떻게 해야 이웃이 되어줄 수 있을까요? 내가 관계하는 자는 누구입니까? 그가 나에게 무엇을 필요로 합니까? 그들의 요구에 응할 수 있는 좋은 이웃이 되도록 기도합시다.

사람들은 누구나 잘못을 저지를 수가 있습니다. 잘못하기에 사람인 것입니다. 그러면서도 우리들은 남의 잘못을 보면 자신은 아무 잘못을 하지 않는 완전한 사람인 것처럼 행세하기를 좋아합니다. 때로는 사정없이 헐뜯고 비난하고 비웃기까지도 합니다. 만나는 사람마다 남의 이야기하는 것을 재미로 여기는 사람들도 있습니다. 그러나 우리가 예수 그리스도의 넓은 사랑으로 용서를 받은 사람이라면 우리도 다른 사람의 잘못을 덮어주고 용서하는 자가되어야 하지 않겠습니까? 이 시간 나의 손에 돌을 내려놓는 믿음을 주시기를 기도합시다. 그리고 남을 이해하고 용서하는 너그러운 마음을 주시기를 기도합시다.

살아가면서 서로 용서와 따뜻함을 나누는 사람은 영원과 천국에서 이미 사는 것이고, 서로가 미움과 욕설로 대하는 삶은 등을 돌리고 분열된 마음 속에서 이 땅에서 지옥의 삶을 살아가는 자입니다. 오늘 여러분의 삶은 천국의 삶입니까? 아니면 지옥의 삶입니까? 나에게도 남에게 용서와 따뜻함과 웃음을 줄 수 있는 믿음을 주시기를 기도합시다.

삶을 가장 기쁘게 살아갈 수 있는 힘 중의 하나는 바로 사랑입니다. 사랑보다 위대한 힘은 없습니다. 그런데 사랑은 나눌 때 나에게도 찾아오는 것입니다. 행복한 삶을 살기 원하십니까? 그렇다면 우리는 주님께로부터 사랑을 받은 자들로서 사랑을 필요로 하는 자들에게 나눌 수 있는 믿음을 갖도록 기도합시다.

욕망이나 자기 행복에만 사로잡혀 있는 한 아무리 많은 사람들 가운데 있어도 거기에는 사랑의 유대가 생기지 아니합니다. 거기에는 유대가 있더라도 그것은 이기적인 행복을 주고받는 데서 오는 이익을 토대로 한 인간적인 유대에 불과합니다. 여러분은 다른 사람의 행복과 다른 사람의 유익을 얼마나 생각해 보셨습니까? 이러한 사람이 바로 예수 그리스도의 제자입니다. 이 시간 우리가 그러한 자들이 되기를 기도합시다.

자신이 입은 상처와 손해는 생각하면서, 자신이 이웃에게 입힌 손해와 상처는 전혀 생각하지 못하는 어리석은 사람들이 있습니다. 여러분은 이웃에게 상처를 준 적은 없습니까? 상처를 입은 적이 있다면 이해와 참회의 기도를 드립시다.

공해 중에 가장 심각한 공해는 언어의 남발입니다. 말하기 전에 나의 생각과 판단이 옳은지 재삼 생각하는 습관과, 말을 골라서 하는 습성은 얼마나 훌륭한 인격입니까? 이것이 믿음의 덕이라고 할 수 있습니다. 아무 생각 없이 했던 우리의 말이 다른 사람들에게 가시가 되고 상처를 준 적은 없습니까? 다듬어진 언어를 통해서 덕을 세우고 좋은 이웃을 만들어 가는 자가 되기를 기도합시다.

이 해

남에게 돌을 던지지 않게 하소서 라고 기도합시다. 나의 기준에 맞지 않는다고 내가 원하는 것이 아니라고 투정하듯 말을 내뱉거나 비난하지 않게 하소서. 내가 돌을 던지면 도리어 그 돌에 내가 맞을 때가 있으니 기도를 통하여 성숙한 믿음을 갖게 하소서라고 기도합시다.

인 내

우리의 아버지이신 하나님께서는 언제나 우리를 은혜의 길로 인도 하시지만 그러나 우리는 힘들다고 불평을 합니다. 오늘도 광야의 길로 이끄시며 인도하시고 책임을 지신다 했으나 인내하며 따르고 참고 견디지 못하는 우리들입니다. 광야에 은혜가 있고, 광야에 사랑이 있고, 광야에 소망이 있음을 보지 못합니다. 이 시간 나의 인생길이 광야의 길일지라도 이 길에 하나님의 은혜와 사랑과 소망이 있음을 깨닫게 하옵소서 라고 기도합시다.

끈기는 기본적으로 수동적인 특성이 있습니다. 여러분에게 어떤 일이 생겼을 때에 그 문제에 압도를 당해서는 안됩니다. 야고보는 말하기를 "시험을 참는 자는 복이 있나니 이것에 옳다 인정함을 받은 후에 주께서 자기를 사랑하는 자들에게 약속하신 생명의 면류관을 얻을 것임이니라"(약 1:12)고 하셨습니다. 나에게 역경을 헤쳐가는 능력 주시기를 기도합시다.

하나님께서 하시는 일은 우리의 일이 아니라 하나님의 일입니다. 그렇다면 우리에게는 하나님의 뜻을 이루어 드리는 일을 위하여 인내가 필요합니다. 이 신앙이 없이 하나님의 뜻은 이루어지지 않습니다. 우리의 기도하는 일이 자기 욕심이 아니라 하나님의 뜻이 이루어지기를 기도합시다.

하나님을 믿는 자들은 어떠한 일이 닥쳐온다 하여도 조용히 기다려야 합니다. 그리고 상대방의 결점이 보일 때는 밀실에서 조용히 하나님께 기도해야 합니다. 감정이 대립되는 어떤 상황 속에서도 날카로운 말로 대립을 해서는 안됩니다. 우리들은 하나님의 어린양으로서 어떠한 상황에 이를지라도 투덜대지 않고 참고 견디는 믿음을 가지고 살아가기를 기도합시다.

인 도

하나님께서 우리들의 삶을 인도하시고 계심을 기뻐하시기 바랍니다. 그 분의 손길은 영원하고 놀라우신 계획을 가지고 우리를 인도하여 주십니다. 하나님은 우리로 하여금 매일 매일 목표를 향하여 나아가게 해주십니다. 우리는 그분의 인도하심을 떠나지 말아야 합니다. 우리가 그분의 뜻을 이해하지 못하는 부분이 있더라도 전적으로 맡기고 살아가기를 기도합시다.

하나님께서는 쉬지 않고 우리를 인도하시는 분이십니다. 때로는 이런 일 저런 일에 간섭하시기도 하시며 때로는 우리의 일들을 이곳 저곳에서 가로막기도 하십니다. 그러나 하나님의 모든 행동에는 항상 우리를 사랑하시는 놀라운 계시가 있을 뿐입니다. 우리 자신을 하나님의 주권에 복종시킬 때 우리의 삶은 더욱 새로운 변화와 축복이 있게 됩니다. 이 시간 주님의 뜻과 주권을 전적으로 믿고 따를 수 있기를 기도합시다.

우리는 성공이 무엇인지 왜 성공해야 하는지도 모르면서도 성공하기 위해 살았습니다. 성공만을 생각하며 오늘까지 정신없이 달리면서 성공을 역행했습니다. 우리는 지나온 그 소중한 날들을 부끄럽게 살았습니다. 요셉의 눈물이 요셉의 인내가 성공의 열쇠가 되듯 요셉처럼 우리를 인도하시는 주님의 손길을 따라 살아가기를 기도합시다.

일군

선한 목자는 자기를 기르지 않습니다. 선한 목자는 자기를 먹이지 않습니다. 선한 목자는 자기를 위하지 않으며 선한 목자는 자기 양을 위합니다. 선한 목자는 자기 양을 위해서 가진 수고와 희생도 기꺼이 치를 수 있습니다. 나는 선한 구역장, 선한 기관장, 선한 교사입니까? 잃은 영혼을 위하여, 그리고 맡겨주신 양들을 위하여 선한 목자로서 충성할 수 있기를 기도합시다.

한번 선택을 받은 것도 귀한 일인데 우리는 두 번씩이나 선택을 받았습니다. 한번은 창세 전에 아버지의 자녀로 한번은 모태에 짓기 전에 주의 자녀로 선택을 받았습니다. 우리의 소원이 있다면 주님께 귀하게 쓰임 받는 그릇이 되어 능력 있는 일군이 되기를 기도합시다.

주님께서 필요하신 곳에 우리가 온전히 쓰임 받게 하소서. 우리의 삶이 다른 이에게 도움만을 원하는 삶이 아니라 남의 부족을 채울 수 있게 하소서. 모퉁이 돌이 되신 주님을 본 받아 교회 부흥의 모퉁이 돌이 되게 하소서라고 기도합시다.

일 치

　내 생각과 다른 사람의 사고방식이 다를 수 밖에 없는 것을 인정하는 것이 성숙한 인격의 첫 걸음입니다. 우리가 상대방의 생각과 나의 생각이 다르다고 비방하고, 언짢은 감정과 얼굴로 대했다면 나는 아직도 미숙한 사람입니다. 이 시간 기도할 때에 나에게도 나와 다른 상대방의 생각과 행동을 수용할 수 믿음과 인격을 달라고 기도합시다.

　우리가 하나님과 친밀해지면 하나님의 뜻과 목적과 하나가 됩니다. 그리고 열정적인 갈망은 우리 마음에 하나님의 뜻을 수태하고 우리의 삶에 초자연적인 현상이 나타납니다. 여러분은 여러분의 마음에 하나님의 뜻을 수태하고 살아가는 경험이 있습니까? 그렇지 못하다면 하나님과 더욱 친밀한 관계를 통해서 주님의 뜻을 수태하고 살아가기를 기도합시다.

임마누엘

　자신에게 다가오는 불행을 혼자서만 당하는 것처럼 느끼면 느낄수록 더욱 무겁게 느껴지는 것입니다. 그러나 자신의 어려움이 예수님의 십자가가 지니는 고귀한 가치의 수단으로 기쁘게 받아들일 때 우리의 삶 속에는 예수 그리스도가 함께 살고 있는 것입니다. 오늘 내가 앓고 있는 정신적인 아픔이 하나님의 아픔과 동일한 신앙의 신비와 기쁨과 치유를 체험하는 자가 되기를 기도합시다.

날마다 주님을 묵상하며 우리에게 좋은 것 주시는 주님을 기대하는 삶을 살게 하소서. 연약한 나를 인도하사 깨어 기도하게 하시고 모든 삶에 최선을 다하며 주님과 함께 살아가기를 기도합시다.

성도가 기도하면서 바라보는 장면의 코너, 바로 그 자리에 부활하신 예수 그리스도께서 두 손을 펴고 계십니다. "네 손을 내밀라. 그리고 힘껏 붙잡고 일어서라. 그리하면 능력이 임하리라"는 주님의 음성을 듣는 이 믿음을 주시기를 기도합시다.

주님은 언제나 우리와 함께 하시기를 원하십니다. 그렇다면 이 시간 우리는 기도로 내 마음을 주께 드리는 자가 되기를 기도합시다. 그리고 말씀에 일치된 삶을 살게 해달라고 기도합시다.

십자가를 지신 예수님을 바라보십시오. 그가 우리를 실망시킨 적이 있던가요? 나사렛 예수님을 불러 보십시오. 그가 우리를 외면하신 날이 있던가요? 예수 그리스도의 이름으로 기도해 보십시오. 그가 귀를 기울여 듣지 않으신 적이 있던가요? 항상 우리 곁에 계시고 우리와 함께 하시는 주님만 전적으로 의지하고 따르며, 사랑하며, 기도하며 살아가기를 기도합시다.

지금까지 하나님은 여러분이 접근할 수 없는 분으로 느껴졌습니까? 하나님은 여러분의 호흡만큼이나 가까운 분이라는 사실입니다. 여러분 가까이 계시는 하나님께 여러분이 하고 싶은 말은 무엇이든지 자유롭게 드릴 수 있습니다. 이 시간의 여러분의 사정을 잘 아시는 하나님께 아뢰는 시간이 되시기 바랍니다.

임 재

하나님의 축복이 하나님의 자녀들인 우리들 위에 머물기를 기도합시다. 하나님의 돌보심이 하나님의 자녀들인 우리들 위에 머물기를 기도합시다. 하나님의 인도하심이 하나님의 자녀들인 우리들 위에 머물기를 기도합시다. 하나님 우리를 도와주옵소서라고 기도합시다.

다른 사람의 삶에 박수를 칠 수 있다면 자신의 삶에도 박수를 칠 수 있어야 할 것입니다. 하루 그리고 한 날이 하나님의 은혜로 시작되었다면 오늘 우리 속에서 이루시고자 하시는 하나님의 역사에 동참해야 할 것입니다. 여러분은 오늘 하루를 살면서 하나님의 손길을 어떻게 느끼셨습니까? 아무런 느낌이 없었다면 먼저 내가 하나님의 요구에 합당한 마음가짐과 행실을 갖도록 기도합시다.

우리가 기도할 때 우리의 기도가 하늘로 올라가지 않고 땅에 떨어지는 것처럼 느껴질 때가 있습니다. 그럴 때는 찬송하고 기도하십시오. 그런가 하면 우리가 기도하면서 마치 옆 사람과 대화하는 듯한 느낌을 받을 때가 있습니다. 그때는 하나님의 임재를 체험할 수 있는 절호의 기호입니다. 이러한 믿음을 나에게 달라고 기도하십시오.

하나님께서는 그것이 없이는 우리가 살 수 없는 것을 우리에게 주고 계십니다. 그것은 바로 주님의 마음입니다. 우리는 하나님께 우리 마음의 공간을 비워 드려야 합니다. 우리는 주님이 우리 안에 역사하실 수 있도록 마음을 성결케 해야 합니다. 자기를 부인하고 제 십자가를 지고 나를 따르라고 말씀하신 그 주님을 따르기 위해서 우리 안에 주님의 마음을 주시기를 기도합시다.

여러분은 하루 중 하나님과 함께 하는 시간을 얼마나 갖고 살아가십니까? 하나님을 믿는 사람들은 하루 중 하나님과 함께 하는 시간을 최소한 1시간 30분은 내어놓아야 합니다. 어떤 사람들은 하루 일과를 시작하기 전 이른 아침에 이런 시간을 갖습니다. 또 어떤 사람들은 잠들기 전에 이런 시간을 갖습니다. 이렇게 살아가는 사람들은 하나님의 임재를 느끼며 살아가는 사람들입니다. 오늘 나에게 이런 시간을 통해서 하나님의 임재를 느끼며 살아가기를 기도합시다.

자 랑

　세상 사람들은 세상의 재물을 가지고 기쁨을 누리며 살려고 하지만 그러나 우리는 하나님이 주실 기쁨을 인하여 수고를 하며 우리가 주 예수님의 기쁨으로 기뻐해야 합니다. 그 이름 속에 있는 희락 우리에게 넘쳐서 충만한 기쁨으로 사십시다.

　어떤 사람들은 자기들의 종교를 자랑하며 과시합니다. 그들은 주의력을 집중하도록 옷을 입고, 걸으며 말을 합니다. 그들은 하나님을 생각하는 것이 아니라 자기 자신만을 생각합니다. 우리의 기도나 예배가 항상 하나님만을 생각하며, 하나님께만 영광을 돌리기를 기도합시다.

　사단은 인간을 실패케 하려고 '자랑'을 줍니다. 자랑할 마음이 생길 때, 스스로 기쁠 때, 그 사람은 이미 사단의 수중에 있는 사람인 것입니다. 우리도 사도 바울과 같이 '내게는 십자가 외에는 자랑할 것이 없다'는 고백처럼 주님으로 기뻐하고 자랑하는 신앙이 되기를 기도합시다.

　우리가 자랑할 것은 예수님밖에 없습니다. 예수님을 자랑하는 것은 말에 있지 않고 우리의 생활에서 나타나야 합니다. 우리는 언행이 일치하지 않기에 남에게 비난을 받는 일이 많이 있습니다. 우리는 남에게 예수님을 보임으로서 많은 사람이 예수님 앞에 나올 수 있기를 기도합시다.

바울은 한 가지 자랑을 가졌던 사람입니다. 바울의 자랑이란 자신의 권리를 포기하는 자랑입니다. 성도는 하나님의 영광에 대립되는 자랑을 해서는 안됩니다. 우리의 자랑이 주의 영광이 되는 자랑이 되기를 기도합시다.

자유

우리는 이 세상 가운데 살면서 사람으로부터 물질로부터 또는 어떤 제도로부터 많은 고난을 당하고 상처를 받습니다. 그러나 주의 성령이 임하면 우리의 육신을 치료해주시고, 우리의 심령을 치료해 주시고, 온갖 환경과 가정을 치료해 주시는 역사가 일어납니다. 우리의 삶이 성령 충만한 삶이 되어서 모든 것에서 자유하는 삶이 되기를 기도합시다.

그리스도인의 자유는 우리가 원하는 대로 행하는 자유를 의미하는 것이 아니라 우리가 마땅히 해야 할 것을 마음대로 할 수 있는 자유를 의미합니다. 그리스도인의 자유는 언제나 그리스도인의 책임을 전제로 합니다. 그리스도인의 책임은 항상 예수 그리스도인의 사랑을 조건으로 합니다. 내게 주신 자유가 방종하지 않는 자유와 그리스도인으로서 자기의 책임을 다하는 자유가 되기를 기도합시다.

바울은 말하기를 '주의 영이 계신 곳에는 자유함이 있다'(고후 3:17)고 했습니다. 진정한 자유는 하고 싶은 대로 하는 자유가 아니라 예수 그리스도께 자발적으로 복종하는 것입니다. 오늘도 우리 안에서 역사하시는 주님의 역사를 따라서 살아가도록 기도합시다.

하나님은 우리들에게 하나님을 선택하여 주님으로, 목자로, 구주로 섬기길 원하십니다. 그리고 자기 자신의 선택을 통하여 하나님은 사람을 그의 상대자로, 그의 자녀로 만드시기 원합니다. 우리는 하나님의 선택에 부합한 존재가 되고 하나님과 상대하는 자가 되기를 기도합시다.

하나님은 우리를 자유하도록 창조하셨습니다. 그러나 우리는 이 자유에 의해서 하나님을 사랑할 수도 있으며 하나님을 거부할 수도 있습니다. 태양과 별들이 하나님이 정해 놓으신 궤도를 따라 돌아가듯이 우리의 삶이 하나님의 뜻을 따라 살아가기를 기도합시다.

재능

　우리가 다른 사람과 비교할 때 더 많은 불행을 느낄 수도 있습니다. 왜냐하면 우리들의 삶에는 다른 사람과 비교할 것이 있고 비교하지 말아야 할 것들이 많기 때문입니다. 다른 사람과 비교하고 싶어 하고 다른 사람에게 나타내 보이고 싶어 할 때 교만하게 됩니다. 하나님은 우리에게 나만이 가질 수 있는 고유한 축복을 주셨다는 사실을 깨달아야 합니다. 그리고 우리들 나름대로의 달란트가 있다는 사실을 깨닫고 우리의 삶의 마지막 순간일지라도 주님에게 기억되기를 원했던 강도의 마음을 주시기를 기도합시다.

　출애굽기 31장에 보면 브살렐은 하나님의 신을 충만하게 받았습니다. 그렇듯이 하나님의 사람들인 우리들에게도 하나님의 성령께서 함께 하시므로 지혜가 새로워지고, 눈이 새로운 빛을 갖도록 기도합시다.

　하나님은 "네가 무엇을 가지고 있느냐?"하는 것에 관심을 두지 않으시고, 네가 지금 가지고 있는 것을 얼마나 성실하게 활용하고 있는가 하는 것에 관심을 가지십니다. 우리는 자신이 처한 환경이나 무능함을 탓하기 전에 내게 주어진 달란트를 잘 활용하는 자가 되기를 기도합시다.

여러분에게는 어떠한 가능성이 있습니까? 하루의 새 아침은 우리에게 새로운 기회를 가져다 줍니다. 대리석이 채석장에서 우리를 기다리고 있습니다. 우리가 그 대리석을 가지고 무엇인가 아름다운 것을 만들어 주기를 원합니다. 하나님께서 우리에게 대리석을 주셔서 우리가 무엇인가 원하는 대로 만들기를 원하십니다. 우리의 삶이 끝이 났을 때 우리가 남길 아름다운 모습이 있기를 기도합시다.

오늘날 많은 달란트들이 '땅 속에' 묻혀 있습니다. 그렇게 묻어 두고 있는 사람이 한두 사람이 아닙니다. 세월과 더불어 끝나 버리고 마는 내게 주신 달란트를 잘 활용함으로 주님 앞에서는 그 날에 '착하고 충성된 종'이라고 칭찬을 듣는 자들이 되기를 기도합시다.

전도〈1〉

우리는 사람을 낚는 어부입니다. 사람을 낚는 일에 최선을 다 했습니까? 우리는 씨를 뿌리는 농부입니다. 많은 사람의 마음의 심전에 얼마나 많은 씨를 뿌렸습니까? 하나님 앞에 설 때에 부끄럼 없는 전도자의 사명을 다하기를 기도합시다.

사람들에게 있어서 크나큰 불행이 하나 있다면 그것은 하나님께서 베풀어주신 사랑을 믿으려고 하지도 않는 것입니다. 이러한 사람들은 자신이 가진 모든 것을 가지고 자신이 원하는 이익만을 위하여 살려고 할 뿐입니다. 여러분 가족이나 이웃 중에 이러한 자가 있는지 생각해 보고 기도합시다.

복음을 전할 때 사람들이 귀를 기울이게 하시고 마음의 문을 열게 하소서. 복음을 전할 때 성령의 인도하심으로 자신의 죄를 깨닫게 하소서. 복음을 전할 때 성령의 인도하심으로 주님을 영접하게 하소서. 구원 얻게 하소서. 천국을 소유하게 하소서라고 기도합시다.

여러분은 지금까지 많은 사람들에게 무엇을 보여 주었으며, 그리고 주를 믿는 다른 사람들에게서 무엇을 보았습니까? 주님을 보여주어야 할 우리가 잘 포장된 껍데기 예수를 보여주지는 않았습니까? 우리는 예수 그리스도를 보고자 하는 모든 사람들에게 내 안에 계신 예수 그리스도를 보여주도록 기도합시다.

빛이 빛을 잃고 소금이 소금의 맛을 잃어버린 자들이 오늘의 우리들이 아닙니까? 우리는 하나님이 보낸 선지자들입니다. 그러나 우리는 예레미야의 눈물이 마른눈은 아닙니까? 하나님이 보낸 전도자 바울의 심장이 멈춘 우리들이 아닙니까? 나에게도 예레미야와 바울 같은 눈물과 심장을 주옵소서 라고 기도합시다.

전도 〈2〉

사람이 사는 방법은 여러 가지입니다. 말하고 노래하는가 하면 이와 반대로 말하지 않고 울고 침울해 하기도 합니다. 그 하나 하나에서 그 사람의 모습이 겉으로 드러나는 것입니다. 그럴 때 그 사람의 나타난 모습 속에서 마음이 끌리고 그것을 수용하게 될 때에 비로소 만남이 시작되는 것입니다. 여러분은 어떤 모습으로 남들에게 자기의 속 사람을 보여주고 있습니까? 좋은 모습으로 보여지기를 기도합시다.

교회 밖의 사람들이 교회를 처음 나올 때 교회 안의 사람들이 자기들을 사랑한다는 것을 볼 수만 있게 된다면 교회는 금방 차고 넘치게 될 줄 믿습니다. 죄인들을 끌어들이는 힘은 바로 이것입니다. 우리가 교회 밖의 사람들을 먼저 교회 안으로 오게 할 수 있어야 그 다음에 그들을 주님께로 인도할 수 있는 것입니다. 우리 한 사람 한 사람이 그러한 사람이 되도록 기도합시다.

예수님의 제자 베드로의 말입니다. 나는 나사렛 청년 예수님의 말씀을 진실로 믿고 끝까지 순종하기로 결심하였다. 그랬더니 나의 제자들이 나의 말을 청종할뿐더러 내가 세 번씩이나 주님 예수님을 부인했던 사실을 모두 잊어버린 듯 나의 십자가 죽음까지도 예수님처럼 바라보았다. 그래서 나는 주님처럼 죽겠느라고 결심했다. 이 시간 우리에게도 주님의 말씀을 믿고 따르며 순종하는 자가 되어 더욱 아름다운 부분만 보여주며 주님을 보여주는 삶이 되시기를 기도합시다.

하나님의 관심은 우리가 있어야 할 자리에 우리가 있어야 합니다. 하나님의 말씀은 "요나야 나는 네가 니느웨에 있기를 원한다"였습니다. 오늘 우리가 있어야 할 곳은 어디입니까? 저 니느웨와 같은 곳으로 갈 수 있는 전도자들이 되기를 기도합시다.

교회는 잃은 영혼을 구원하는데 최선을 다하며 예배든 찬송이든 모든 것이 잃은 영혼을 구원하는데 있습니다. 우리는 나를 통해서도 많은 영혼이 주께로 돌아오기를 기도합시다.

교회의 권세와 사역의 능력은 하나님께로부터 오는 것입니다. 그러므로 교회가 먼저 해야 할 일은 하나님께 기도하는 일입니다. 그리고 교회가 기도할 때 역사가 일어납니다. 우리 교회가 사도행전의 교회와 같이 사도의 가르침을 받는 교회, 떡을 떼며, 기도하며, 구원받는 자들을 날마다 더하여 주시기를 기도합시다.

전진

어떤 사람은 그리스도인의 삶은 자전거를 타는 것과도 같다고 합니다. 넘어지지 않고 바로 서 있기를 원한다면 계속해서 달려야만 합니다. 그러므로 주님과 더불어 계속 앞으로 걸어 나가십시오. 오늘도, 내일도 계속 그렇게 하시기 바랍니다. 믿음을 위해 깨어 기도하고, 그리고 섬기는 자가 되기를 기도합시다.

하나님이 세우신 사람들은 하나님만 의지해야 합니다. 왜냐하면 인간은 다 무력하기 때문입니다. 그래서 이사야 2:22절에 "너희는 인생을 의지하지 말라"고 하셨습니다. 우리가 망하고 흥하는 것이 사람의 지혜나 힘에 있는 것이 아니고 하나님의 손에 달렸습니다. 그러므로 우리는 하나님만 믿고 의지하며 전진하기를 기도합시다.

아브라함은 하나님이 지시하신 한 산에 도착해서까지도 하나님께서 예비하신 양을 보지 못했습니다. 그리스도인은 종종 하나님을 뵙지 못한 가운데 무거운 마음으로 산에 오를지라도 그 산에서 기도하는 가운데 하나님을 뵙게 됩니다. 그러므로 뒤돌아 서지말고 용기를 가지고 인내하며 전진하기를 기도합시다.

어느 시인의 말입니다. "한 걸음으로 너무 멀리 가려고 하지 말라. 너는 걸음을 계속해야 한다. 한 마디의 말로 네가 누구인가를 말하려 하지 말라. 너는 말을 계속 해야 한다. 작은 성장으로 너무 크려고 하지 말라. 너는 계속 성장을 해야 한다. 하나의 행동으로 모든 것을 이루려고 하지 말라. 너는 계속 행해야 한다. "그렇습니다. 계속 걷고, 계속 말하고, 계속 성장해야 하고, 계속 행하는 자가 되는 것이 우리를 향하신 주님의 뜻으로 알고 계속적인 전진을 위하여 기도합시다.

위대한 사람은 단번에 그와 같은 높은 곳에 뛰어오른 것이 아닙니다. 동반자들이 밤에 단잠을 잘 때에 그는 일어나서 괴로움을 이기고 일에 몰두했던 것입니다. 인생은 자고 쉬는데 있는 것이 아니라 한 걸음 한 걸음 걸어나가는 데 있습니다. 우리의 눈이 곁눈질을 하지 않고 목표를 향하여 나아가기를 기도합시다.

산 정상을 정복하는 순간의 진한 감동은 산을 정복한 사람만이 알 수 있듯이 성공한 사람들의 벅찬 감격과 감동도 그들만이 알 수 있습니다. 오늘도 성공이란 산을 등반하는 사람들이 수없이 많습니다. 그런데 도중에 포기하는 사람들이 얼마나 많습니까? 넘어질 때 넘어지더라도 내일을 바라보면서 나아가기를 기도합시다.

주인

예수께서 오신 것은 받으러 오신 것이 아니오 주려고 오셨습니다. 수리하시러 오신 것이 아니라 새 것을 건설하려고 오셨습니다. 유쾌함과 환락을 주러 오신 것이 아니오. 위로와 평강을 주려고 오셨습니다. 속박하러 오신 것이 아니오. 자유케 하려고 오셨습니다. 객으로 오신 것이 아니라 마음속에 사시려고 오셨습니다. 믿고 의지하는 나를 거룩하게 하시려고 오셨습니다. 멸망하는 세상에 길과 진리와 생명이 되려고 오셨습니다. 주님의 오심에 대한 바른 이해와 나에게 손님으로가 아니라 내 안에 사시는 주님이 되시기를 기도합시다.

그리스도인은 자기를 완전히 포기한 사람입니다. 정과 욕심을 십자가에 못박고 오직 자기 안에 그리스도께서 사시기 때문입니다. 자신을 겸손히 포기할 때 우리들의 삶은 주안에서 부요하게 될 것이기 때문입니다. 아직도 자기를 포기하지 못하여 가난한 신앙은 아닙니까? 이 시간 나를 포기하는 시간이 됩시다. 그리고 주님의 뜻을 전적으로 따르기를 기도합시다.

내 삶에 내가 주인이 되려고 하면 실패만 거듭할 뿐입니다. 주님께서 내 삶의 주인이 되어 주시고 내 삶에 소망을 주시기를 기도합시다.

준비

만약 지금 주님이 이 세상에 오신다면 여러분은 주님을 맞이할 준비가 되어 있습니까? 주님은 하늘 구름을 타고 영광 중에 오실 텐데 마음의 준비는 되어 있습니까? 그 날엔 천사들이 모든 믿는 자들을 주님 앞으로 불러모을 텐데 주님을 만날 준비는 되어 있습니까? 그 날 그때는 밤중에 도둑처럼 누구도 모르게 오신다고 했는데 주님을 만날 준비가 되어 있습니까? 우리 이 시간 마태복음 25장 열 처녀 비유 중에 지혜로운 다섯 처녀처럼 등과 기름을 준비한 자들이 되도록 기도합시다.

주님을 맞이할 준비는 성경 전체를 흐르고 있는 주제입니다. 그리고 준비된 사람을 위해서는 위대한 약속이 있습니다. "하나님이 자기를 사랑하는 자를 위해서 준비하신 것들은 본 눈이 없고, 들은 귀가 없고, 우리의 마음속으로 생각지도 못하였다"고 했습니다(고전 2:9). 여러분은 하나님이 주실 약속의 복을 받을 준비가 되어 있습니까? 모든 선한 일을 위하여 준비된 자가 되기를 기도하고, 하나님이 주실 복을 받을 준비가 될 수 있기를 기도합시다.

신앙이 독실한 자는 항상 주를 맞이하는 일에 주의를 게으르지 않으며, 주를 맞을 마음의 준비가 되어있지 않으면 안됩니다. 예수님은 "허리에 띠를 띠고 등불을 켜고 서 있으라"(눅 12:35)고 하셨습니다. 언제 오실지 아무도 모르는 주님을 맞이할 준비하는 자가 되기를 기도합시다.

우리는 그의 주인이 언제 돌아올지 모르지만 모든 일을 잘 갖추어 놓고 항상 준비하는 충실한 종과 같이 되어야 하는 것입니다. 우리는 하나님께서 우리를 불러 세우신 분야에서 경건하고 그리스도인답게 그 책임을 다하며 살아야 합니다. 그리고 우리는 그리스도께서 오실 때에 그가 합당하게 여기어서 우리를 일터로부터 공중으로 끌어올리어 그리스도를 만날 수 있도록 준비하는 자가 되기를 기도합시다.

주님께서 오신다는 사실을 확신하십시오. 우리는 그 날에 미련한 다섯 처녀와 같이 되어서는 안됩니다. 한밤중일지라도 "보라 신랑이 온다"라는 소식을 들을 수 있는 자세가 되어야 합니다. 언제 주님이 오실지 알 수가 없으나 주님은 속히 오신다고 하셨습니다. 주님이 오실 때까지 진실한 믿음을 가지십시오. 주님이 오실 때까지 우리 모두 기쁨의 찬송을 주님께 드리며 살아갈 수 있기를 기도합시다.

즐거움

여러분은 일을 사랑하십니까? 자기가 하는 일을 사랑할 때가 가장 즐거운 것입니다. 일이 의무일 때 그 인생은 노예가 되는 것입니다. 하나님을 믿는 일도, 주의 일을 하는 것도 즐거움이 되기를 기도합시다. 주일이 기다려지고, 예배 시간이 기다려지는 자들이 되기를 기도합시다.

성도들은 자신의 즐거움보다는 예수 그리스도의 즐거움에 더 많은 관심을 기울여야 합니다. 왜냐하면 성도들의 소망은 그들 자신의 아름다운 실과를 먹는 것이 아니라 예수 그리스도가 주시는 아름다운 실과를 먹어야 하기 때문입니다. 우리의 가정이 예수 그리스도의 즐거움과 예수 그리스도가 주시는 아름다운 실과로 살아가기를 기도합시다.

즐거운 자리에서 즐거워하는 것이야 누가 못하겠습니까? 이것은 참 즐거움이 아닙니다. 괴롭고 아픔 속에서 얻는 즐거움만이 참 즐거움입니다. 괴로움이 따로 있고 즐거움이 따로 있는 것이 아니요, 생각을 바꾸면 괴로움이 즐거움이 된다는 말입니다. 우리의 삶의 자리가 즐거움의 자리가 되기를 기도합시다.

기도는 의무가 아닙니다. 즐거움입니다. 하나님과 교제하는 일입니다. 아버지와 이야기하는 일입니다. 나의 모든 소원을 가지고 접근하는 일입니다. 이보다 더한 즐거움이 어디에 있겠습니까? 우리의 기도가 의무가 아닌 즐거움이 되기를 기도합시다.

다른 사람을 위하여 기도하는 것이 나 자신을 위하여 기도하는 것보다 더 즐겁습니다. 그런데 기도에서 즐거움을 발견하지 못한 까닭은 자신의 이익만을 위해 하나님께 호소하기 때문입니다. 하나님의 마음을 가지고 기도하지 않고는 즐겁게 하나님과 교제할 수 없습니다. 하나님은 사랑이십니다. 그 사랑을 가지고 그 분께 나아감으로 기도의 최대의 즐거움을 맛볼 수 있기를 기도합시다.

지 배

상처의 말 한 마디가 뼈를 상하게 하고 사랑의 말 한마디가 영혼을 새롭게 하는 것으로 주여 나의 입에서 나오는 말을 주장해달라고 기도합시다.

예수님이 나의 삶에서 일을 하시도록 하십시오. 예수님이 나의 마음에 들어오셔서 성령의 능력을 통해 나의 마음을 지배하시도록 하십시오. 하나님의 도우심이 함께 하면 나의 분노를 정복할 수 있고, 무능함 대신에 능력의 사람으로 변화될 줄 믿습니다. "주여! 이 시간 나에게 오셔서 나를 다스려 주옵소서"라고 기도합시다.

별 뜻 없이 행하는 말 한 마디와 행동 하나가 때로는 남에게 커다란 상처를 줄 수 있으니 주님께서 나의 말과 행동을 주관해주시기를 기도합시다. 그리고 나보다 남을 먼저 배려하는 마음의 여유를 갖는 자가 되기를 기도합시다.

남을 지배하고 싶은 사람은 먼저 자신의 지배자가 되지 않으면 안 됩니다. 자기 자신의 가치가 지배하려는 사람의 가치보다 뛰어나지 않고서는 그것을 지배할 수 없습니다. 우리는 자신을 지배하는 인격과 신앙을 먼저 갖기를 기도합시다.

진실

삶은 진실해야 합니다. 적을 만들기 보다 친구를 만들어야 합니다.

가장 힘들 때, 가장 어려울 때 우리 곁에서 함께 할 수 있는 친구가 있어야 합니다. 재물이 아무리 많아도 친구가 없는 사람은 불행한 사람입니다. 이러한 사람의 삶의 마지막은 언제나 초라하기 마련인 것입니다. 여러분의 삶은 진실합니까? 더욱 진실하기를 기도합시다. 좋은 친구를 가지고 살기를 기도합시다.

오늘날 많은 사람들은 정직해서는 살지 못한다고 말하기도 합니다. 세상의 물이 흙탕물이고, 온통 먹물이라고 하더라도 우리들의 삶을 더럽히면서까지 행복을 원해서는 안됩니다. 손해를 보더라도 지킬 것은 지켜야 합니다. 물이 더럽혀지면 더럽혀질수록 많은 사람들이 맑은 물을 찾듯이 진실을 잃어가는 세상일수록 진실한 그리스도인이 되기를 기도합시다.

사람들 속에서 함께 있을 때 보이지 않는다고 어리석은 행동을 하지 않게 하소서. 늘 나를 바라보시는 주님을 잊지 않고 인격과 영성을 갖춘 그리스도인의 삶을 살게 하소서. 언제나 진실한 마음과 순진한 마음과 주님의 일을 행하는 자가 되게 하소서라고 기도합시다.

살아계신 하나님은 요구하시는 하나님이십니다. 그분은 우리의 시간, 우리의 충성, 우리의 헌신을 요구하시며 무엇보다도 정직을 더 요구하십니다. 우리는 자신과 하나님 앞에서 정직해야 합니다. 우리가 다른 사람에게 숨기면 하나님께도 숨기는 것이 됩니다. 진실한 믿음과 정직한 삶으로 하나님을 잘 섬기는 자들이 되기를 기도합시다.

허리띠는 단순한 장식품이 아닙니다. 동양인의 복장에 가장 중요한 것이 허리띠입니다. 허리띠를 허리에 단단히 맴으로서 의복 전체의 균형이 잡힙니다. 허리띠를 매지 않으면 아무리 다른 무장을 한다고 해도 몸이 느슨해집니다. 그렇다면 성도의 허리띠는 무엇입니까? 그것은 '진리' 혹은 '진실'입니다. 이것으로 인하여 그의 행동에는 통일이 오는 것입니다. 이러한 믿음으로 살아가기를 기도합시다.

집

　우리들은 모두 건축자들입니다. 우리가 짓는 집들은 우리의 성품들입니다. 그런데 지하 기초작업은 안정성을 평가함에 있어서 중요한 것입니다. 어떤 집도 기초보다 더 중요한 것은 없습니다. 나의 인격과 성품의 집이 예수 그리스도 위에 세운 실질적인 순종의 집이 되기를 기도합시다.

　하나님의 집이란 먼저 그리스도의 인격이며, 그리스도의 몸이 되는 하나님의 교회입니다. 살아 계신 하나님의 교회야말로 하나님의 집입니다. 우리 교회가 주님의 몸 된 교회로서 주님의 인격과 정신으로 세워져가기를 기도합시다.

　어떤 백만장자가 죽어서 하늘에 준비되어 있을 자기의 집에 대한 기대에 부풀어서 천국 문 앞에 서 있었습니다. 그러나 작고 초라한 집들 사이에 끼어 있는 아주 형편없는 집이 자기에게 주어지자 투덜거렸다고 합니다. 그러자 지켜보고 있던 천사가 '이 집들은 모두 사람들이 땅에 있을 때 보내 준 것으로 지어졌다. 만일 네가 많은 것을 보내 주었더라면 너를 위해 궁전을 지을 수 있었겠지…'하더랍니다. 물론 꾸며낸 이야기겠지만 하나님은 '오직 너희를 위하여 보물을 하늘에 쌓아 두라'(마:20)고 하셨습니다. 여러분은 자기를 위한 보물을 하늘나라에 얼마나 쌓아 두었습니까? 그 날을 준비하며 살아가기를 기도합시다.

애정이 없는 궁전은 가난한 헛간이며, 사랑이 있는 천한 오두막은 영혼을 위한 궁전이라고 합니다. 우리의 가정이 사랑이 넘치는 가정으로 주님을 모신 궁전이 되기를 기도합시다.

꿈(비전)

꿈을 가진 사람은 감옥에 가둘 수 없습니다. 꿈의 사람이었던 바울 사도와 베드로 사도를 사람들이 감옥에 가두었지만 하나님은 그들을 풀어놓았습니다. 오늘도 꿈을 가진 사람은 아무리 어려운 일이 있어도 갇히지 아니 합니다. 여러분의 꿈은 무엇입니까? 꿈을 가지시기 바랍니다.

우리는 꿈을 가져야 합니다. 꿈은 아침에 우리를 잠자리에서 벌떡 일어나게 할 것이며 창조적인 활력이 넘치게 해줄 것입니다. 꿈은 우리의 매일 매일의 삶에 맛을 더해줄 것입니다. 꿈은 위대한 목표를

정하고 거기에 도달하도록 우리를 돕기 위해 하나님께서 주신 선물입니다. 이 시간 여러분에게 꿈은 무엇입니까? 더 큰 꿈을 주시기를 기도하시고 그 꿈이 이루어지기까지 도와주시기를 기도합시다.

인간의 꿈은 낯선 길을 따라 여행할 때 느끼는 것처럼 신비한 인상을 줍니다. 그렇다면 꿈이 말하고자 하는 것은 무엇일까요? 그것은 오직 창조주이신 하나님에게만 알려진 비밀입니다. 일찍이 요셉이 꾼 꿈처럼 나에게도 꿈을 주시기를 기도합시다.

꿈과 환상은 구약성경과 신약성경에서 하나님의 계시로 여겨졌습니다. 다니엘이나 요셉처럼 꿈이나 환상을 해석할 수 있는 능력을 지닌 자들은 존경을 받았습니다. 그리고 하나님이 인간에게 주신 계시를 이해할 수 있는 사람도 있었습니다. 그리고 보면 성경 전체는 하나님의 섭리를 통해서 인간의 마음을 변화시키는 이야기입니다. 꿈을 통한 신령한 은사가 우리에게도 주어지기를 기도합시다.

하나님은 직접적으로 인간의 영혼과 교통을 하셨습니다. 창세기 28:11절에 보면 '거기 누어 자더니' 꿈을 꾸었다는 야곱의 이야기가 나옵니다. 그리고 그 꿈은 야곱에게 하나님이 주신 계시입니다. 얼마나 신비로운 것입니까? 지금도 하나님은 우리의 영혼과 교통하시기를 원하십니다. 야곱에게 주셨던 신비로운 꿈을 통한 계시와 비전이 임하기를 기도합시다.

깨달음

깨달으면 감사입니다. 그러나 못 깨달으면 원망입니다. 하나님이 나를 통치하시는 동안 감사치 않을 것이 하나도 없습니다. 무슨 일이든지 나를 다스리시는 하나님께 감사의 기도를 드립시다.

깨달음은 교육적인 훈련을 통해서 얻어지는 것이 아니라 하나님께 구하여 얻는 선물인 것입니다. 그래서 시편 기자는 "나를 깨닫게 하소서. 내가 주의 법을 준행하며 진심으로 지키리이다"(시 119:34)라고 하였습니다. 다니엘은 하나님 앞에 기도할 때에 이상의 비의를 해득할 수 있는 '깨달음'을 받았습니다. 나에게도 하나님의 깊은 뜻을 깨닫는 깨달음의 은사를 주시기를 기도합시다.

이사야 선지자는 하나님과의 만남의 체험에서 하나님의 거룩하심과 영광과 하나님의 마음과 뜻을 깨달아 하나님이 보는 세상을 함께 보며 하나님이 가고자 하는 곳에 함께 가는 사명의 깨달음을 얻었습니다. 이 시간 나에게도 하나님을 만나는 체험과 하나님의 뜻을 깨닫는 지혜와 하나님의 마음을 가지고 사명감을 가지고 살아가는 자들이 되기를 기도합시다.

예수님의 제자들은 예수님께서 4천명을 먹이신 사건을 보고도 그

의미를 깨닫지 못했습니다. '보고 듣고 깨닫는 가슴'이 있어야만 하나님의 뜻을 알 수 있습니다. 오늘 우리에게 가장 중요한 것은 '보고 듣고 깨닫는 가슴'입니다. 이러한 은혜를 주시기를 기도합시다.

 누구나 잘못을 저지를 가능성은 있습니다. 왜냐하면 인간은 완전한 사람이 아니기 때문입니다. 따라서 잘못을 꾸짖는 자에게도 문제가 있을 수 있습니다. 그러므로 우리는 상대방을 가르치는 체하지 말고, 은연중에 깨우쳐주고, 상대방이 모르는 것은 될 수 있는 한 너그러운 마음을 가지고 감싸주는 자들이 되기를 기도합시다.

찬양

 주님을 찬송하면 우리는 그 찬송으로 우리의 마음속에 천국을 느끼게 됩니다. 하나님은 우리가 당신에게 찬양을 드릴 때마다 우리에게 가까워지십니다. 그의 거룩한 영으로 충만할 때 우리의 모든 일들은 축복과 성공으로 나아가게 됩니다. 이 시간 나에게 찬양의 영으로 충만하게 하소서. 그리고 찬양 중에 천국을 느끼며 하나님이 나와 함께 하시는 것을 느끼게 하옵소서 라고 기도합시다.

 출애굽기 15장에 보면 미리암의 찬양이 나옵니다. 미리암과 다른 여인들이 북치며, 춤추며, '여호와를 찬양하여라'고 노래를 부를 때 그 기쁨은 절정에 달합니다. 여기에 히브리인들의 기쁨이 있고, 목청

껏 외치는 감격이 있고, 울고 웃는 웃음이 있기 때문입니다. 여러분의 찬양은 살아 숨쉬는 찬양입니까? 우리의 찬양이 우리 신앙의 고백이 되고 기쁨이 되기를 기도합시다.

찬양이란 말은 '인정하다, 높여드리다, 경배하다, 영광을 돌리다, 칭찬하다'라는 뜻입니다. 우리를 지으시고, 다스리시고, 구원하신 하나님은 우리의 찬양을 받으시기에 합당한 분이십니다. 여러분은 하나님께 찬양을 드릴 때 어떤 마음으로 드립니까? 지극히 존경하는 마음으로 드려지는 찬양이 되기를 기도합시다.

찬송은 구원받은 백성이 하나님께 드려야 할 감사의 고백이며 입술의 제사입니다. 그러므로 찬송은 아무나 하는 것이 아닙니다. 하나님의 은혜를 모르는 자는 찬송을 부를 수가 없습니다. 우리가 하나님께 드리는 찬송이 구원의 기쁨과 감사의 마음으로 드려지기를 기도합시다.

성경에 보면 '찬양'이란 단어 가운데서 '온 몸을 다 하여 기쁘게 찬양하라'는 의미의 단어가 여럿 있습니다. 그런 의미에서 우리가 하나님을 찬양할 때 먼저 우리 마음 속 깊은 곳에서 우러나오는 가식 없고 진실된 마음의 찬양이 드려지기를 기도합시다.

기도에 능력이 있는 것처럼 찬송에는 위력이 있습니다. 기도에 응답이 있는 것처럼 찬송에도 응답이 있습니다. 이스라엘 백성이 찬송할때 여리고 성이 무너졌습니다. 이스라엘 백성이 찬송할 때 암몬 족속과 모압 족속이 패망하였습니다. 찬송은 곡조가 붙은 기도입니다. 하나님은 찬송을 기뻐하십니다. 오늘 우리가 드리는 찬송이 기적을 가져오고 응답을 가져오는 믿음의 찬송이 되기를 기도합시다.

축복

좋은 것은 천천히 찾아옵니다. 그리고 작은 구멍에서도 햇빛을 볼 수 있습니다. 사람들은 산에 걸려 넘어지지 않지만 작은 돌에는 간혹 넘어질 수 있습니다. 작은 것이 중요합니다. 작은 것들을 중요히 여길 때 비로소 큰 일을 해낼 수 있습니다. 우리에게 맡겨 주신 직분이 작은 일일수도 있지만 큰 일일수도 있습니다. 찬양대, 교사, 구역 임원, 기관 등 제직으로 충성하는 자에게 하나님의 은혜와 축복이 임한다는 사실을 믿고 작은 일에 충성하는 자가 되기를 기도합시다.

축복은 물질적인 것도 있지만 영적인 것도 있습니다. 인간이 체험할 수 있는 최고의 축복은 하나님의 임재 그 자체입니다. 하나님이 임재하는 곳에 기사와 이적이 있었고, 하나님의 임재하는 곳에 치유와 변화가 일어났습니다. 복중의 복은 하나님이 나와 함께 하시는 것입니다. 이 시간 나에게도 하나님의 임재를 구하시기 바랍니다.

복은 하나님만이 주실 수 있습니다. 그런데 하나님의 복은 믿음을 통해서만 받을 수 있습니다. '네 믿음대로 될지어다, 네 소원대로 될지어다'라고 말씀하신 주님의 말씀처럼 우리의 믿음이 큰 믿음이 되고, 복을 받을만한 믿음이 되기를 기도합시다.

많은 성도들이 하나님의 복을 기다리고 기사와 이적의 손이 움직이시기를 기다리고 있습니다. 그러나 하나님의 복의 손은 먼저 우리들의 할 바를 다한 후에야 움직이는 것입니다. 두 손을 맞잡고 앉아서 복만을 기다리는 어리석은 자가 되지 말고 하나님이 주실 복을 소망하면서 내가 해야 할 일을 다 하는 자들이 되기를 기도합시다.

충성

어떤 일은 온종일 하여도 그렇게 피곤하지 않지만 어떤 일은 한 시간을 견디기가 어렵습니다. 이러한 차이는 우리들의 마음가짐에서 오는 것입니다. 하나님 앞에서 중직을 맡은 우리들이 기쁨으로 사명을 감당하기를 기도합시다.

우리가 하나님을 믿는다고 하면서도 언제까지 유치한 아이처럼 살아야 합니까? 그토록 많은 실수와 후회를 반복하면서 어린아이로만 살아야 합니까? 주께서 내게 맡기신 거룩한 사명을 기쁘게 감당하며 살아가는 자들이 되기를 기도합시다.

'네가 죽도록 충성하라 그리하면 내가 생명의 면류관을 네게 주리라'(계2:10)고 하셨는데 충성이란 몸이 할 수 있는데 까지 최선을 다하는 것입니다. '맡은 자들의 구할 것은 충성'이라는 말씀처럼 우리들도 내게 주어진 직분과 사명에 대하여 죽도록 충성함으로 훗날 주님께로부터 면류관 받아쓰는 자들이 되기를 기도합시다.

'충성진명(忠誠盡命)'이라는 말이 있습니다. 충성이란 목숨을 다한다는 뜻입니다. 목숨을 바쳤는데 남길 것이 무엇이 있습니까? 내 의견이 따로 있으나 그래도 주님이 원하신다면 그대로 따를 뿐입니다. 우리는 주님의 일을 함에 있어서 하나님의 칭찬 말고는 들을 생각도 하지 말고 죽도록 충성하는 자들이 되기를 기도합시다.

충성은 책임과는 무관하고 성공과 능력에 따라 좌우되지 않는 그 일에 마음을 전적으로 쏟아 붓는 철저성을 의미합니다. 이러한 충성의 견해를 가지고 일을 했던 믿음의 사람들을 생각해보면서 우리들도 마음을 전적으로 쏟아 붓는 충성심으로 주님을 섬기기를 기도합시다.

친구

나에게 유리한 친구를 찾는다면 세상에 참된 친구는 영원히 없을 것입니다. 예수님께서 나같이 부족하고, 이기적인 자임에도 불구하고 친구가 되어주신 것처럼 우리도 서로 알고 지내는 자들에게 그가 나에게 요구하는 것은 무엇이며, 나는 그의 필요에 따라 유익을 주는 친구가 되도록 기도합시다.

우리 그리스도인들은 예수 그리스도와의 사귐을 통해 하나님의 친구가 됩니다. 모세는 산에서 '하나님과 얼굴을 맞대고 이야기한' 하나님의 친구가 되었습니다. 그러므로 끊임없이 하나님과 얼굴을 맞대고 기도하는 자가 하나님의 친구입니다. 우리들도 늘 깨어 있는 자들이 되어서 하나님과 더 가까워지기를 기도합시다.

하나님은 우리의 좋은 친구이십니다. 하나님에게는 우리의 기도를 들어 주시는 귀가 있습니다. 은혜를 베풀어주시는 손이 있습니다. 탕자와 같은 우리들도 사랑하는 마음이 있습니다. 하나님과의 대화는 가장 즐겁습니다. 우리가 하나님을 의지함이 가장 안전합니다. 아브라함과 모세가 하나님의 친구라 불린 것처럼 우리들도 하나님의 친구가 되어 지도와 도움을 얻고 살아가기를 기도합시다.

상대방과의 교제는 어떤 마력이 있습니다. 왜냐하면 교제는 많은 대화를 통해 우리를 동화시켜 상대방과 비슷하게 만들기 때문입니다. 만일 교제하는 사람이 선한 친구면 선한 사람이 되게 하지만 악한 사람이면 우리를 오염시키고 타락하게 할 것입니다. 그러므로 우리가 어떤 사람과의 교제를 너무 성급히 하지 말고, 상대방을 잘 알 때까지는 다소 거리를 두고 살아가기를 기도합시다.

침 묵

　침묵은 말 없는 것과는 다르고, 말은 지껄이는 것과 다릅니다. 말이 없다고 홀로 있는 것이 아니고, 지껄인다고 사귐이 성립되는 것이 아닙니다. 그래서 '바른 말은 침묵에서 들려오고, 바른 침묵은 말에서 생겨난다'라고 했습니다. 하나님께서는 종종 우리의 기도에 침묵하실 때가 있습니다. 하나님은 아브라함이 이스마엘을 낳은 후 13년 동안, 이삭이 결혼한 후 20년 동안 침묵으로 일관하셨습니다. 그러나 그들은 기다리던 중에 응답을 받았습니다. 우리의 기도의 응답이 없다고 낙심하지 말고 하나님을 바라보며 인내하며 살아가는 믿음을 주시기를 기도합시다.

　하나님을 믿는 자들이라면 하나님의 때를 충분히 기다릴 수 있어야 합니다. 여리고 성은 6일 동안 돌아도 무너지지 않은 성이었지만 7일째 되는 날 무너졌습니다. 우리의 인생도 분명한 승리와 성공을 소망하면서 하나님의 침묵에도 그 날을 기다리는 믿음을 주시기를 기도합시다.

　하나님의 침묵은 무식이 아닙니다. 무능도 아닙니다. 다만 신앙을 버린 자에게 내린 포기입니다. 하나님은 믿음을 저버린 자를 버리십니다. 그리고 침묵하고 마십니다. 말씀이 침묵하고 권세가 침묵하십니다. 하나님은 지금 여러분에게 말씀하고 계십니까? 하나님의 말씀을 들을 때에 그 말씀이 나를 향한 주님의 음성이 되시기를 기도합시다.

현재의 사회와 세계가 고난과 파멸의 위험을 벗어나지 못하고 있습니다. 그것은 하나님이 침묵하고 계시기 때문이 아닙니다. 병으로 신음하는 자녀 곁에서 부모가 자녀의 고통을 함께 당하듯이 하나님은 우리 곁에 계시면서 우리의 고통을 함께 당하십니다. 무한 사랑 때문에 무한히 용서하면서 함께 고통 하시는 하나님을 널리 전할 수 있기를 기도합시다.

우리가 기도할 때에 하나님이 침묵을 하시는 것은 우리가 하나님의 음성을 들을 수 있는 고요한 시간을 마련하기 위함입니다. 우리들은 하나님의 음성에 귀를 기울이는 일에 쉽사리 지쳐버리고 맙니다. 하나님의 침묵이 계속 이어지는 동안 우리의 계획이 하나님의 노정을 따라 조절이 되기를 기도합시다.

친절

우리의 얼굴에서 우리의 모습이 드러나는 만큼 삶에서 미소를 잃지 않게 하소서. 그리고 남을 대할 때 표정이 너무 굳어지거나 짜증나는 모습으로 대하지 않게 하소서. 그리고 주님께서 우리에게 따뜻함으로 다가오듯이 우리도 남들에게 친절한 모습으로 나아가게 하소서 라고 기도합시다.

남에게 친절을 베푸는 사람은 자신감 있는 사람입니다. 그런데 친절은 희생을 각오할 때 이루어지는 것입니다. 남에게 친절을 베풀면 자신의 마음도 편안해집니다. 그리고 친절을 베푼 사람의 주변에는 언제나 사람들이 함께 합니다. 경제적인 빈곤과 시달림이 우리를 피곤하게 하지만 그래도 우리는 예수 그리스도를 모시고 살아가는 사람들로서 많은 사람에게 친절을 베푸는 사람이 될 수 있기를 기도합시다.

진정한 기독교의 의식은 친절과 도덕성입니다. 기독교는 하나님에 대한 사랑을 그 본질로 하고 도덕성을 그 형식으로 합니다. 하나님은 친절과 도덕성을 사랑하십니다. 우리의 믿음이 친절과 도덕성으로 나타나기를 기도합시다.

예수님께서는 마르다를 사랑했고 마르다도 예수님을 사랑했습니다. 그러나 마르다가 예수님을 대접하는 일로 친절을 베풀었는데도 예수님에게는 오히려 불친절이 되고 말았습니다. 그 이유는 마르다가 예수님의 진정한 필요를 몰랐기 때문입니다. 여러분은 주님의 마음을 알고 섬기십니까? 나를 향하신 주님을 뜻을 도르고 하는 친절과 봉사는 무의미한 것입니다. 나에게도 주님의 마음을 알고 주님을 섬길 수 있는 지혜를 주시기를 기도합시다.

칭찬

주님은 우리에게 묻습니다. 너는 내 이름으로 무엇을 하였느냐, 너는 내 이름을 얼마나 높였느냐, 너는 내 이름을 얼마나 영화롭게 하였느냐고 말입니다. 부족한 자신의 모습을 돌이켜 보면서 참회하는 기도를 드립시다.

어리석은 부자와 같은 우리는 사람에게 인정을 받으려 하면서 하나님의 관심은 받으려 아니하며, 모든 것을 취하였다 하지만 하나님 앞에서 가난한 사람이며, 오늘 일은 알아도 내일을 알지 못하고 살아가는 자들이 아닙니까? 이 시간 기도하실 때 하나님의 인정받는 자가 되도록, 다시 오실 주님을 기다리는 마음으로 준비하며 살아가도록 기도합시다.

누군가가 생각 없이 한 말이나 부주의한 언행으로 기분을 상하게 한다면 같은 말을 되돌려주거나 화를 내지 말고 그냥 미소를 지어 보세요. 그리고 마음의 상처를 하나님께 고백하세요. 그런 다음 하나님이 여러분을 칭찬해 주실 세 가지 ① 여러분의 자제력 ② 참을성 ③ 친절을 생각해 보세요. 그리고 여러분에게 상처를 준 그 사람의 장점도 하나님께 말하는 사람이 되기를 위하여 기도합시다.

부모의 의무는 자식을 징계하는 것만이 아니라 또한 격려하는 것입니다. 종교 개혁자 루터의 아버지는 너무 엄해서 루터의 생애에 하나님을 가리켜 '우리 아버지'라고 기도하는 것이 어려웠다고 했는데 이는 종교 사상에 커다란 비극입니다. 징계와 격려는 병행되어야 합니다. 좋은 부모가 갖추어야 할 두 가지를 갖추고 아이들을 양육하는 자가 되기를 기도합시다.

초등학교 학생들이 산수 능력 테스트를 받았습니다. 틀린 점만 지적한 학생은 일주일 동안에 20%밖에 향상을 못했습니다. 그러나 격려를 받은 학생들은 70% 향상이 되었습니다. 재능이란 흠을 들추어 내면 시들어 버리고 격려를 받으면 꽃을 피우는 것입니다. 우리는 상대방을 칭찬하는 사람이 되고, 그리고 상대방을 칭찬할 때에 자기 기준으로 칭찬하지 말고 상대방을 생각하며 칭찬하는 자들이 되기를 기도합시다.

평 안

주님께서는 우리를 평안의 세계로 초청하십니다. 예수 그리스도께서 주시는 평안은 세상이 주는 잠시 잠깐의 평안이 아니라 영원한 평안입니다. 우리는 이 평안의 자리에 초대된 그리스도인들입니다. 이 시간 우리의 마음이 주님이 주시는 평안으로, 우리의 가정이 주님이 주시는 평안으로 넘치기를 기도합시다.

평안이라는 말은 유대인들의 일상 인사법입니다. 이들에게 있어서 평안이란 번영을 뜻했으므로 행복하고, 안전하게 살기를 바라는 사람들에게 평화가 깃들기를 기원했습니다. 우리는 서로에게 평안을 기원하는 주님의 사람들로서 이 시간 내가 평안을 기원해 주어야 할 사람을 손꼽아 보면서 평안의 기도를 드리는 시간을 가져봅시다.

예수님은 주를 믿는 우리들에게 '평안을 너희에게 주노니 곧 나의 평안을 너희에게 주노라'고 하셨습니다. 그런데 그 평안은 겟세마네 동산에서의 흘린 기도와 갈보리 십자가를 통하여 얻어진 평안인 것입니다. 그러므로 이 평안은 하나의 성취요 승리요 재난의 극복일 것입니다. 고난의 아픔을 기도와 인내로 극복하여 더 큰 평안을 얻고 살아가기를 기도합시다.

예수 그리스도께서 탄생하셨을 때에 천사들은 "평화"와 "영광"을 노래하였습니다. '지극히 높은 곳에서는 하나님께 영광이요 땅에서는 사람들 중에 평화로다'(눅 2:13)라고 하셨습니다. 그러나 예수님께서는 그의 사역을 시작하셨을 때 "내가 세상에 화평을 주러 온 줄로 생각지 말라. 화평이 아니라 검을 주러 왔노라"고 하셨습니다. 이 말은 인간의 본성은 세상과는 화평하고 하나님과는 싸움하는 것을 말합니다. 예수님은 이와 같은 현상을 뒤집어 놓기 위하여 오셨습니다. 예수님의 속죄로 하나님과 사람 사이에는 화평이 이루어졌고 세상과 더불어는 싸우게 됩니다. 그럴지라도 그리스도인의 영혼 속에 있는 평안은 누구도 빼앗아 갈 수 없습니다. 나에게도 세상과는 싸우는 믿음을 그리고 내 안에 그리스도로 인한 평안이 넘쳐 나기를 기도합시다.

평화

평화는 하나님의 첫 번째 말씀이며 또한 마지막 말씀입니다. 예수님은 성육신 하심으로 지상에 평화를 선포하셨습니다. 평화의 왕으로 이 땅에 오신 예수님은 이 땅에서 미움과 싸움을 몰아내고 평화를 심으려고 복음을 주셨습니다. 복음은 복이요 평안입니다. 이 땅에 아직도 이 복음이 들어가지 못한 불모지에도, 세계 도처에 나가서 사역하는 선교사들의 사역지에도, 그리고 이 복음을 거부하고 외면하고 방관하는 자들에게 평안의 복음이 급물살을 타고 전파되기를 기도합시다.

예수를 믿는다고 하면서도, 신앙생활을 오래 하면서도 그 사람만 들어가면 이유야 어쨌건 분위기가 아주 시끄러워지는 사람들이 있습니다. 예수님께서는 평화를 만드는 사람에게 복이 있을 것을 말씀하셨습니다. 이는 똑똑한 것이나 많이 아는 것이 중요한 것이 아니라는 말씀입니다. 평화를 만드는 사람이란 어떤 상황 속에서도 분위기를 읽고 평화를 만들어 내는 자를 말합니다. 내가 들어가면 시끄럽게 싸움하던 분위기도 조용해지고, 화해가 이루어지게 하는 자가 되게 해 달라고 기도합시다.

그리스도인들은 화평케 하는 일을 위하여 부르심을 받은 자들입니다. 그런데 화평케 하는 것은 결코 일방적인 것이 될 수 없습니다. 로마서 12:18절에 "할 수 있거든 너희로서는 모든 사람으로 더불어 평화하라"고 하셨습니다. 모든 사람이란 우리의 감정을 상하게 하는 자들까지를 말합니다. 예수를 믿는 우리들은 복수하는 것은 고사하고 용서하기를 거부하는 권리조차 없습니다. 우리에게 주님의 마음으로 원수도 사랑할 수 있는 믿음을 주시고 모든 사람으로 평화하기를 기도합시다.

평화는 산 믿음의 열매입니다. 이 평화야말로 우리 주님께서 돌아가시기 전날 밤 당신을 따르는 모든 사람들에게 주고 가신 것입니다. "나는 너희에게 평화를 주고 간다. 내가 주는 평화는 세상이 주는 평화와는 다르다. 걱정하거나 두려워하지 말라"고 하셨습니다. 이 평화가 하나님의 자녀들인 우리들을 언제 어디서나 지켜주십니다. 병들었든지 건강하든지, 넉넉하든지 모자라든지 주님이 주시는 평안으로 충만하기를 기도합시다.

우리에게는 자기 자신과의 투쟁이 필요합니다. 만일 우리가 오만이나 증오, 분노, 울분, 불만 등을 마음에 품는다면 평화를 가질 수 없습니다. 그러므로 우리는 예수 그리스도께서 지니셨던 마음을 간직해야 합니다. 우리는 주님과 함께 우리의 평화를 만들어 내야하며 우리의 양심에서 모든 악의 요소를 제거해야 합니다. 우리 속에 자리를 잡고 있는 악의 요소는 무엇입니까? 나만이 아는 그것을 가지고 기도합시다.

포기

하나님 아버지! 저희들은 너무나 미련합니다. 오늘의 의미를 모르고 하루 하루를 살아갑니다. 오늘 나를 부르시는 주님의 음성을 듣지못하고 나의 생각으로만 살았습니다. 에스더를 부르시어 자기를 포기함으로 민족을 위기에서 구원하게 하신 것처럼 나를 부르시는 주님의 음성 앞에 나를 포기하는 자가 되게 해달라고 기도합시다.

진정한 성공은 하나님을 첫째로 삼고 가족과의 관계를 둘째로 삼고 다른 사람들과의 관계를 그 다음에 둘 때에 시작됩니다. 그리고 우리의 인생에서 무엇인가 위대한 일을 하려면 얼마간의 희생이 따를 것입니다. 우리가 무엇인가 좀더 나은 것을 얻으려면 어떤 것은 기꺼이 포기해야 합니다. 관계, 희생, 포기할 것을 생각하며 기도합시다.

예수 그리스도를 주로 믿는 자들에게는 예수 그리스도가 목표가 되어야 하고, 강력한 욕구가 있어야 합니다. 그리고 그러한 삶이 실현되기 위해서는 진리 안에서 살아가야 합니다. 저와 여러분의 목표는 무엇이며, 강력한 욕구는 무엇입니까? 내가 던저 주님의 말씀인 진리 안에서 살아감으로 예수 그리스도가 목표가 되고 거룩한 욕구가 되기를 기도합시다.

누가복음 14:33절에 '너희 중에 누구든지 자기의 모든 소유를 버리지 아니하면 능히 내 제자가 되지 못하리라'고 하셨습니다. 여기 '버린다'는 말은 '포기한다'는 말입니다. 그리고 포기한다는 말은 우리 자신의 생활과 육신의 모든 것보다 그리스도에게 우선권을 둔다는 뜻입니다. 우리는 주님을 위하여 무엇을 포기했습니까? '배와 그물을 버려 두고' 예수를 좇은 제자들처럼 예수 그리스도가 더 우선이 되기를 기도합시다.

예수님은 자기 포기의 선구자이십니다. 그리고 주님을 위하여 포기한 자들은 주님께 귀하게 쓰임을 받았습니다. 우리는 때로 주님의 일을 함에 문제시되는 곳에서는 가장 사랑하는 것도 제쳐놓아야 합니다. 하나님께서 명령하시면 가장 사랑하는 것도 버리고 떠날 준비를 해야 합니다. 주님을 섬기기 위해서는 많은 평화로운 순간도, 당연한 기쁨도, 많은 즐거운 습관도 기꺼이 포기해야 합니다. 여러분은 주님을 위하여 무엇을 포기하셨습니까? 내가 포기하지 못한 그 무엇을 포기할 수 있는 결단을 달라고 기도합시다.

하나님을 믿는 자들은 거룩한 꿈을 잉태하고 살아가는 자들입니다. 때로는 주님께서 마리아에게 '보라 네가 수태하여 아들을 낳으리니 그 이름을 예수라 하라'고 말씀하신 것과 같이 하나님의 뜻을 수태하시기 원하십시오. 그러나 큰 뜻을 수태하고 실현하기 위해서는 우리의 목적, 우리의 의도, 우리의 계획을 포기함이 필요합니다. 우리는 자신의 모든 일과 목적과 갈망까지 포기하는 믿음을 달라고 기도합시다.

하나 됨

  이 세상에서 가장 위대한 일은 하나님을 사랑하고 사람을 사랑하는 것입니다. 하나님은 우리를 사랑하십니다. 우리도 사랑해야 합니다. 그리스도인들은 예수 안에서 하나의 공동체를 이루며 살아가는 자들입니다. 하나님이 우리에게 허락하신 공동체라는 선물은 얼마나 아름답습니까? 우리 모두 기관의 식구들과 교회 전체가 사랑으로 하나 되기를 기도합시다.

  가인이 아벨을 돌로 칠 때도 그 가인은 아벨의 사랑하는 형이었습니다. 유다가 예수를 팔 때에도 유다는 주님의 사랑하는 제자였습니다. 손을 잡으면 뜨겁고 눈을 마주치면 흐르는 눈물 막을 길이 없는 우리는 사랑하는 한 핏줄입니다. 가진 자와 못 가진 자가 손을 잡고, 배운 자와 못 배운 자가 손을 잡고, 초신 자와 기신 자가 손을 잡고, 목회자와 성도가 손을 잡고, 병약한 자와 건강한 자가 손을 잡고, 먼저 믿는 자가 예수를 모르는 자와 손을 잡는 자가 되기를 기도합시다.

  창세기 2장에는 하나님의 창조의 이야기가 나옵니다. 하나님은 자기가 지은 피조물의 세계를 위하여 땀흘리며 수고를 하십니다. 물이 없어서 어려움을 당하는 에덴동산의 고통은 하나님 자신의 고통입니다. 그러므로 하나님은 에덴동산에 강물을 끌어들입니다. 아담의 외로움은 하나님 자신의 외로움이었습니다. 그리하여 아담에게 아내를 마련해 줍니다. 아담의 즐거움과 기쁨을 하나님도 함께 하십니다. 나의 기쁨이 주님의 기쁨이 되고 나의 소원이 주님의 소원이 되기를 기도합시다.

교회는 예수 그리스도의 유일한 신부입니다. 예수 그리스도의 신부되는 교회가 둘이 있을 수 없으므로 교회를 분열시키는 것은 그리스도에게서 떨어져 나가는 것입니다. 그러므로 교회가 하나되는 것은 주님의 소원입니다. 대제사장의 기도라고 하는 요한복음 17장에 예수님의 기도는 하나되기를 소원하는 기도입니다. 너와 내가 하나가 되고 주님의 신부 된 우리 교회가 하나가 되기를 기도합시다.

하나님의 사랑

마음이 괴로워 호소할 때 우리에게 힘과 용기를 주신 하나님! 우리가 어려움에 처해 좌절의 눈물을 흘릴 때에도 주님은 가까이 계시며 위로해 주십니다. 주님을 모르는 자들은 뜻하지 않은 어려움을 당할 때 괴로워하지만, 주님은 우리와 함께 계심으로 고통과 갈등 속에서도 주님의 뜻과 보람을 발견합니다. 우리는 주님이 계심으로 기뻐하고 주님과 임마누엘 신앙으로 살아가도록 기도합시다.

자신이 남들에게 사랑받지 못하고 있다는 느낌이 들 때는 개를 사랑스럽게 안아 줘보세요. 개가 꼬리치며 바라보는 그 모습을 자세히 바라보세요. 그렇게 사랑스럽게 여러분을 껴안아 주시고 싶어 하시고 평안과 기쁨을 주고 싶어 하시는 하나님을 생각하며 감사를 드립시다.

하나님의 사랑은 가난하고 병든 사람을 먼저 구하는 사랑이었고, 잃어버린 사람들을 찾아 나선 사랑입니다. 우리 주변에 얼마나 많은 사람들이 하나님의 사랑을 그리워하고 있는지 알고 계십니까? 우리는 그들에게 '선한 사마리아인'으로서의 삶을 살아왔습니까? 우리들도 하나님의 사랑을 가지고 병든 자, 가난한 자, 하나님을 떠난 자들을 향하여 나아가기를 기도합시다.

하나님은 자기를 버린 인간일지라도 변치 않는 사랑으로 지속적인 관계를 이어가십니다. 성경에서의 잃어버린 아들을 찾았던 아버지의 기쁨처럼 지금도 잃어버린 자를 찾고 계십니다. 우리 주변에는 하나님을 저버린 자들이 많이 있습니다. 우리들도 그들을 찾아나서는 전도자로서 하나님의 사랑을 전하는 자들이 되기를 기도합시다.

성령님께서는 모든 한계를 무너뜨리는 분으로서 인간으로 하여금 자기 중심적인 좁은 테두리를 헐어버리고 더욱더 하나님의 사랑에 살도록 해주십니다. 우리가 성령님의 사람들이라면 자기 테두리가 없어야 합니다. 자기 테두리를 헐어버리고 하나님의 사랑으로 모든 사람을 수용하고 차별없이 사랑하는 자가 되기를 기도합시다.

이 시간 우리에게 용기를 주시고, 언제나 가까이 계시며, 힘을 잃어버릴 때 부축해 주시는 하나님의 사랑을 우리들의 가슴에 가득 채우게 하소서 라고 기도합시다.

하나님의 뜻〈1〉

 참되게 산다는 것은 쉬운 일은 아닙니다. 우리는 뜻하지 않았던 고통과 장애를 만날 수도 있습니다. 그러한 가운데서도 인간은 몇 퍼센트나 자기의 삶을 하나님이 주신 복으로 받아들이고 있을까요? 모르기는 해도 자기의 삶을 하나님의 사랑의 역사로 알고 감사하며 받아들이는 사람은 극히 소수일 것입니다. 그러나 그 사람의 삶이 주어졌다는 것은 행복의 가능성이 주어진 것이고 거기에 바로 하나님의 크신 복이 시작되고 있는 것입니다. 이 시간 나에게 주어진 모든 것 즉 좋은 일이든 궂은일이든지 하나님의 뜻으로 받아들이는 믿음을 주옵소서. 그리고 나의 모든 일 속에서 하나님의 축복의 손길이 함께 하고 계심을 느낄 수 있는 믿음을 주옵소서 라고 기도합시다.

 "믿음으로 살아가는 성도들의 삶은 홀로 이룰 수 없는 삶이오니 이 시대의 흐름을 따르지 않고 오직 주님만 바라보게 하소서. 그리고 우리의 발걸음을 인도하사 마음 내키는 대로 가지 않고 하나님이 원하시는 길을 걷게 하소서"라고 기도합시다.

하나님의 뜻 〈2〉

모든 일이 내 뜻대로 안 된다 해도 결코 실망하지 맙시다. 내 뜻은 이루어지지 않았으나 주님의 뜻이 이루어졌다면 그 일은 더 잘된 일일 수 있습니다. 지금은 내 뜻이 이루어지지 않았으나 후일에는 더 소중한 것으로 이루어질 것이니 그 일은 더 소중한 일이 될 것입니다. 하나님의 뜻을 따르는 자가 되도록, 그리고 그 날을 기다리는 믿음을 주시기를 기도합시다.

하나님을 찬양하는 사람들은 믿음의 눈을 그분에게 고정시키고 있는 사람들입니다. 그러나 반대로 침묵하는 사람들은 자기 자신만을 바라보는 사람들입니다. 하나님이 우리의 삶의 중심에 계실 때 우리는 매일 하나님을 찬양할 수 있습니다. 우리의 환경이 어려울지라도 우리는 언제나 하나님의 뜻과 우리에게 임하실 하나님이 주실 복을 발견할 수 있기 때문입니다. 이 시간 우리가 드리는 찬양이 우리의 고백이 되고, 우리 안에서 역사 하시는 하나님의 영감의 찬양이 되기를 기도하며, 나아가서 우리의 삶 속에서 하나님의 뜻과 축복을 발견할 수 있기를 기도합시다.

우리는 스포츠를 보면서 이기게 해 달라는 기도를 많이 합니다. 그런데 상대편 선수나 지지하는 사람들도 동일한 기도를 한다면 누구의 기도를 주실 것 같습니까? 그리고 이긴 자는 기도의 응답을 받은

…이고, 패자의 기도는 응답을 받지 못한 기도입니까? 어쩌면 우리의 기도는 너무 이기주의적입니다. 양보의 기도, 상대방을 축복하는 기도는 최고의 기도입니다. 그러므로 우리는 때로는 패자가 되는 것도 하나님의 뜻일 수 있습니다. 자기 생각대로 안 된다고 불평하거나, 낙심하지 말고 하나님의 뜻이 이루어지기를 기도합시다.

향기

작은 풀꽃에도 향기가 있습니다. 저와 여러분이 믿는 복음에도 예수 그리스도의 향기가 가득합니다. 오늘 우리는 예수 그리스도의 향기로서 많은 사람들에게 복음의 향기를 드러내야 합니다. 그리고 저들이 주님 앞으로 돌아오도록 기도합시다.

구약 시대에 대제사장은 향기로운 향을 내는 향로가 없으면 하나님의 지성소에 들어가지 못하였습니다. 왕 같은 제사장으로서 하나님 앞에 나와서 예배를 드리는 나의 모습에는 어떤 향기가 있습니까? 예배와 삶이 다른 내 모습은 아닙니까? 교회 안의 생활과 밖의 생활이 일치되고 예수 그리스도의 향기가 되어서 나의 삶과 예배가 향기로운 모습이 되기를 기도합시다.

하나님은 하늘의 성전에 있는 황금 분향단 곁에서 많은 향으로 가득 차 있는 금 향로에 모든 성도의 기도를 열납하고 계십니다. 오늘도 내가 드리는 이 기도가 하나님 앞에 드려지는 믿음의 기도와 사심이 없는 향기로운 기도로 천사의 금 대접에 의하여 드려지기를 기도합시다.

회개

우리의 지난 날을 돌아보면서 참회의 기도를 드립시다. 먼저 우리의 지난 날 감사보다는 불평한 일을, 하나님의 은혜 가운데 살면서도 내 능력으로 사는 것처럼 교만한 것을 참회합시다. 그리고 주님의 뜻을 알면서도 순종하지 못한 것을 참회합시다. 기도해야 할 시간에 기도하지 못한 것을 참회합시다.

회개는 인간을 사로잡고 있는 악과 더불어 싸우시는 예수 그리스도 편에 선다는 행동이 따라야 합니다. 그러나 하나님의 뜻에 복종함과 행함이 없이는 회개가 없는 것입니다. 저와 여러분의 신앙은 얼마만큼 하나님의 뜻에 복종하며 사는 삶입니까? 우리 모두 주님 편에서 생각하고 주님 편에서 행동하는 믿음이 되기를 기도합시다.

회개라는 것은 후회하는 것이 아니요, 종교적인 사람이 되는 것도 아닙니다. 다만 예수님을 자기의 모델로 삼아서 꾸준히 살아가는 것으로서 진정한 회개는 신앙과 윤리와 행동을 동반하는 것이어야 합니다. 여러분의 삶의 모델은 누구십니까? 예수 그리스도만을 나의 모델로 삼고 나의 삶에서 예수 그리스도의 모습이 보여지기를 기도합시다.

회개는 결단된 마음의 변화입니다. 그리고 근본적인 의식개조와 새로운 자세와 방향전환이며 생활혁신입니다. 오늘 나의 의식구조와 삶의 자세가 그리스도인이라고 불리 울 수 있습니까? 나에게도 더 큰 변화와 생활의 혁신적인 변화가 있기를 기도합시다.

확신

예수님의 이름에 깊은 평안이 있으니 아무리 큰 시험이 와도 예수 이름을 믿으며 주님의 평안을 얻으십시오. 예수님의 이름에 영원한 생명이 있으니 주님의 이름으로 영원한 생명을 취하십시오. 예수 이름에 한없는 사랑이 있으니 우리의 입술로 그 이름을 찬양하며 예수님의 이름을 우리의 모든 것 다하여 더욱 사랑합시다.

두 마리의 토끼를 쫓다가는 한 마리도 잡지 못합니다. 우리가 하는 일이 '실패하면 어쩌지?' '잘 될까?' 하는 걱정 대신 '해 내고야 말겠다'. '할 수 있다' '잘 될 것이다'라는 긍정적인 생각으로 살아가도록 기도합시다.

자신감은 우리의 삶을 변화시켜줍니다. 자신감이 있는 사람의 표정은 언제나 밝습니다. 그리고 표정이 밝은 사람은 주변 사람들을 사로잡는 힘이 있습니다. 자신감이 있는 사람은 하나같이 내일을 향해 달려가고 있습니다. 이 시간 내가 하는 일에 대하여 자신감을 가지고 일할 수 있도록 밝은 표정을 가지고 살아가는 사람으로 살아가도록 기도합시다.

자신감을 갖는 것은 성공으로 가는 출발점입니다. 자신감은 모든 문제를 풀어갈 수 있는 하나의 능력입니다. 자신감이 없으면 출발하는 그 순간부터 다른 사람에게 뒤쳐지게 됩니다. 우리는 누구나 자신감을 갖고 당당하게 살 수 있습니다. 왜냐하면 시편 118편에 '여호와는 내 편이라'고 하셨기 때문입니다. 주님께서 내편 되심을 감사하고 모든 일에 자신감을 가지고 살 수 있는 믿음을 구하십시오.

행 복

우리가 행복한 이유는 우리에게 재물이 많아서가 아닙니다. 주님이 우리의 분깃이 되시기 때문입니다. 우리가 행복한 것은 우리에게 친구가 많이 있어서가 아닙니다. 주님이 우리의 친구가 되시기 때문입니다. 우리가 행복한 이유는 주님이 우리의 기쁨이 되시기 때문입니다.

사람들은 행복하기로 마음먹은 만큼 행복합니다. 행복하기로 마음먹은 사람은 행복한 생각으로 마음을 채우고, 불행하기로 마음먹은 사람은 불행한 기억들로 마음을 채웁니다. 행복한 사람은 희망을 봅니다. 불행한 사람은 절망만 봅니다. 세상을 바꾸려 하지말고 나의 마음만 바꾸면 됩니다. 나의 생각을 버리고, 주님의 생각과 소망적인 생각으로 살아가도록 기도합시다.

하나님은 우리들이 행복하기를 바라고 있습니다. 그래서 우리에게 행복의 욕구를 주셨습니다. 그러나 한 사람의 인간이 아니라 모든 사람이 행복하기를 바랬기 때문에 우리에게 사랑의 욕구도 주셨습니다. 그래서 인간은 서로 사랑할 때 비로소 행복해 질 수 있습니다. 이 시간 우리에게 서로를 사랑할 수 있는 믿음과 서로의 행복을 위하여 기도합시다.

이 땅에서 가장 행복한 사람은 누구이겠습니까? 이 땅에서 가장 복된 사람은 누구겠습니까? 그는 바로 예수 그리스도를 믿고 고백하며 믿음의 삶을 행동으로 옮기는 사람입니다. 언제나 예수만 바라보고 예수만을 나타내기를 원하며 예수 안에 살며 예수만을 자랑하기를 원하는 자들이 되기를 기도합시다.

복중의 최고의 복은 예수 그리스도의 보혈로 구원받았다는 고백과 예수 그리스도를 향하여 "주는 그리스도시요 살아 계신 하나님의 아들이라"고 고백할 수 있는 믿음을 갖는 것입니다. 그렇다면 저와 여러분은 이 세상에서 가장 복되고 행복한 사람입니다. 예수 그리스도의 이름으로 구원을 받았기 때문입니다. 우리의 삶에서 예수 믿는 모습을 보여주어야 합니다. 그리고 예수 그리스도로 말미암아 승리하는 삶을 살아가야 합니다. 나에게도 분명한 신앙 고백과 구원받은 삶을 보여주는 믿음을 갖기를 기도합시다.

 욕심이 많은 사람은 어리석고 불행한 사람입니다. 왜냐하면 세상에 집이 많아도 내 집은 한 채로 족하고 방이 열두 개일지라도 잠을 자는 방은 하나밖에 쓸 수 없고 산해진미가 풍성해도 하루 세끼 밖에는 먹을 수 없지 않습니까? 그러므로 나누어주는 손이 복되고 드릴줄 아는 사람이 지혜로운 인생이요, 행복한 인생입니다. 나는 어느 쪽입니까? 이 시간 기도하실 때 나누어주기를 좋아하는 사람, 드리기를 기뻐하는 자가 되기를 기도합시다.

행 함

 기도의 깊이가 그 사람의 생활 태도에 비례한다고 합니다. 그 사람의 생활 태도를 보면 그 사람의 기도를 알 수 있습니다. 마찬가지로 그 사람의 기도를 보면 그 사람의 생활 태도를 알 수 있습니다. 그렇다면 나는 기도하는 사람답게 생활합니까? 기도와 생활이 일치되기를 기도합시다.

 믿음이 행위로 말미암아 완전하게 된다는 말은 행위가 믿음을 완전하게 만들기 때문이 아니라 행위가 진정한 믿음에 대한 증거이기 때문입니다. 여러분의 믿음은 "입술로만 주여 주여"하는 믿음은 아닌지요? '행함이 없는 믿음은 죽은 믿음'이라는 야고보 선생의 말씀처럼 우리의 믿음이 행함으로 나타나기를 기도합시다.

　도덕은 신앙과 아무런 상관이 없다는 생각은 아주 잘못된 것입니다. 우리 중에 아무도 바울 이상으로 하나님의 말씀에 충실했던 사람은 없을 것입니다. 사람이 죽으면 하나님의 심판대 앞에 서고, 각각 그 몸으로 행한 바에 따라서 심판을 받는다는 준엄한 하나님의 말씀대로 그 날을 위하여 우리의 삶이 도덕과 신앙이 그리고 믿음과 행함이 일치되기를 기도합시다.

　하나님 앞에서 행한다는 것은 내가 하나님 앞에 있음을 기억하는 것과 하나님의 은총을 날마다 돌이켜 보는 것입니다. 우리들은 언제 어디서 무슨 일을 하든지, 그리고 누구와 함께 있든지 우리들이 그분 앞에 있음을 기억하고 행동하며 살아가는 자들이 되기를 기도합시다.

　우리들이 예수 그리스도를 진실로 믿고 있는 그리스도인이라면 삶으로 나타나야 합니다. 믿음은 표현되지 않으면 아무런 의미가 없습니다. 야고보 선생은 말하기를 행함이 없는 믿음은 죽은 믿음이라고 했습니다. 우리의 믿음이 삶으로 나타나는 신앙이 되기를 기도합시다.

　기독교가 로마 제국에서 꽃을 피운 것은 그리스도인들이 예수 그리스도의 사랑을 보여주었을 때였습니다. 그들은 이웃에게 실제적인 사랑의 실천을 통하여 복음을 전파하였습니다. 교회 밖에 사람을 교회 안으로 끌어들이는 힘은 바로 이것입니다. 먼저 우리에게 오게 할 수 있어야 그 다음에 예수 그리스도에게 올 수 있습니다. 이 시간 우리들로 하여금 세상 사람들에게 주님의 보여주는 믿음을 주옵소서라고 기도합시다.

헌신 〈1〉

우리는 예배를 드리려고 예배당에 갑니다. 그리고 그것은 얻는 것이 아니라 드림으로 행해집니다. 우리는 하나님에게서 무엇을 받기 위해서가 아니라 무엇인가를 드리기 위해서 가는 것입니다. 여러분은 무엇을 드렸습니까? 어떻게 드렸습니까? 주님이 내게 요구하는 것이 무엇이며 그것을 드리기 위해서 기도합시다.

우리가 많은 시간을 기도하는 일에 투자한다면 우리의 영혼은 더욱 맑고 성결할 것이며, 삶은 문제와 불편한 감정은 가라앉게 될 것입니다. 그리고 어려움에 처할 때 문제를 극복할 수 있는 지혜를 얻을 수 있을 것입니다. 이 시간 나에게 주님과 마주 앉아 대화할 수 있는 많은 시간을 주소서 라고 기도합시다.

우리는 교회에서 많은 시간을 보내면서도 하나님을 특별히 가까이 느끼지 못할 수 있습니다. 그 이유는 예배에 온전히 참여하지 않은채 그저 건성으로 시간을 때웠기 때문일 것입니다. 우리의 예배와 기도와 봉사와 헌신이 하나님이 받으시기에 합당한 것으로 온전히 드려지기를 기도합시다.

우리는 어린 소년이 떡 다섯 개와 물고기 두 마리를 바친 이야기를 알고 있습니다. 어린 소년이 자기의 것을 포기하고 다른 사람을 위하여 주님께 드렸을 때 위대한 하나님의 역사를 이루어 놓은 것입니다. 하나님의 역사를 체험하고 싶습니까? 내 생각 내 고집으로 초라하게 살아가는 것보다 나를 주님께 드림으로 더욱 크고 비밀한 하나님의 역사를 체험하는 자들이 되기를 기도합시다.

헌신⟨2⟩

헌신이란 자신의 생애에 대한 자기의 주도권을 포기하고 그것을 하나님께 맡기는 것입니다. 그리고 자기의 주도권을 하나님께 맡기고 나면 그리스도인으로서의 삶에 대한 성장과 발전의 기본 원리를 얻게 되는 것입니다. 하나님께 쓰임을 받았던 자들은 자기의 주도권을 하나님께 맡긴 자들입니다. 여러분은 하나님 앞에 얼마만큼 자기를 포기한 자입니까? 우리의 헌신이 입으로만 이루어지는 것이 아닌 자기포기와 전적인 주님의 뜻을 따르기를 기도합시다.

헌신을 위해서는 세 가지가 투철해야 합니다. 첫째는 영적인 면에서 하나님을 주님으로 받아 들여야 합니다. 둘째는 결심에 있어서 하나님께 충성을 맹세해야 합니다. 셋째는 승리를 거두기 전에는 결코 되돌아서지 말아야 합니다. 우리의 헌신이 이 세 가지 정신으로 투철해지도록 기도합시다.

성령님께서는 모든 지배권이 그에게 맡겨질 때까지는 우리의 생활을 인도할 수가 없습니다. 만약 우리가 우리 생활의 지배권을 그분에게 드리지 않는다면 능력이 나타날 수가 없습니다. 성령의 역사와 능력이 나를 통해서 강력하게 나타나도록 우리의 모든 것을 그분께 맡길 수 있는 자들이 되기를 기도합시다.

금요심야기도회
인도자를 위한 제목별 멘트

2004년 11월 10일 1판 1쇄 인쇄
2004년 11월 20일 1판 1쇄 발행

지은이 / 박 한 근
발행인 / 권 명 달
발행처 / 보 이 스 사

등록 / 1966년 2월 23일 · 제 2-160호
주소 / 서울특별시 강서구 화곡6동 1120-13 한소빌딩
전화 / (02)2697-1122 · 팩스 / (02)2605-2433

값 7,000원

ISBN 89-504-0358-7

ⓒ 판권 본사 소유

※ 이 책은 일부분이라도 본사의 허락 없이는
무단복제 할 수 없습니다.
Printed in Korea